보이지 않는 말이
관계를 완성한다

보이지 않는 말이
관계를 완성한다

1판 1쇄 펴낸날 2026년 2월 11일

지은이 이인지

펴낸이 나성원
펴낸곳 나비의활주로

책임편집 박선주
디자인 BIG WAVE

전자우편 butterflyrun@naver.com
출판등록 제2010-000138호
상표등록 제40-1362154호
ISBN 979-11-93110-97-3 03320

보이지 않는 말이
관계를 완성한다

이인지 지음

나비의 활주로

말 잘하는 사람보다
느낌 좋은 사람이 기억되는 이유

"괜찮아."

똑같은 세 음절이었다. 하지만 그 순간 나는 알 수 있었다. 상대가 전혀 괜찮지 않다는 것을. 목소리에 섞인 작은 떨림, 평소보다 한 톤 높아진 음성, 그리고 마지막 음절 '아'에서 살짝 꺾인 억양. 상대의 말은 차갑게 내 마음에 꽂혔다. 우리가 주고받는 모든 말에는 '온도'가 있다. 그리고 그 온도가 때로는 말 자체보다 더 큰 메시지를 전달한다.

당신도 경험해봤을 것이다. 상사가 "수고했어."라고 말했는데 왠지 기분이 나빠진 순간. 똑같은 말인데도 어떤 날은 격려로, 어떤 날은 질책으로 들렸던 경험. 친구가 "미안해."라고 사과했지만 목소리에 진심이 느껴지지 않아 오히려 화가 났던 순간. 반대로 단 한마디 "안녕."에서도 따뜻함이 전해져 하루 종일 기분이 좋았던 순간들.

우리는 매일 수백 번 말을 주고받지만, 정작 그 말들이 어떤 '결'을 가지고 있는지는 잘 모른다. 목소리의 높낮이, 말의 속도, 호흡의 깊이, 심지어 침묵의 길이까지. 이 모든 것들이 우리의 진짜 마음을 전달하고 있는데도 말이다. 이것을 심리학자들은 '파라랭귀지Paralanguage'라고 부른다. 말 그대로 언어 너머에 있는 또 다른 언어, 보이지 않지만 더 강력한 소통의 도구다.

1960년대 UCLA의 심리학자 앨버트 메라비언Albert Mehrabian은 흥미로운 실험을 했다. 그는 사람들이 커뮤니케이션에서 어떤 요소를 가장 중요하게 받아들이는지 연구했다. 그 결과는 놀라웠다. 상대방에게 전달되는 메시지 중 말의 내용(언어)은 단 7%에 불과했고, 목소리의 톤과 뉘앙스 같은 음성적 요소가 38%, 나머지 55%는 몸짓과 표정 같은 시각적 요소가 차지했다.

목소리가 차지하는 38%라는 비율에 주목해보자. 이는 우리가 생각하는 것보다 훨씬 큰 영향력이다. 말의 내용보다도 5배 이상 강력한 메시지를 전달한다는 뜻이다. 하지만 우리 대부분은 '무엇'을 말할지만 고민할 뿐, '어떻게' 말할지에 대해서는 깊이 생각해보지 않는다.

그 결과는 어떨까?

좋은 의도로 한 말이 오해를 불러일으키고, 진심 어린 조언이 상처가 되고, 애정 담긴 걱정이 간섭으로 들린다. 면접에서는 준비한 답변을 완벽하게 말했는데도 떨어지고, 프레젠테이션에서는 훌륭한 내용을 발표했는데도 설득력이 부족하다는 평가를 받는다. 심지어 가장 가까운 사람들과도 자꾸만 어긋나는 대화를 나누게 된다.

왜 이런 일이 벌어질까?

우리가 놓치고 있는 것은 바로 '감정의 파장'이다. 말은 단순한 정보 전달 수단이 아니다. 말에는 감정이 실려 있고, 그 감정은 파장이 되어 상대방의 마음에 전달된다. 같은 주파수의 파장은 공명을 일으키고, 다른 주파수는 불협화음을 만든다.

현대는 '말의 결'을 읽는 시대다. SNS에서도, 메신저에서도, 영상 통화에서도 사람들은 글자와 화면 너머로 상대방의 진심을 감지해내고 싶어 한다. 단순히 '뭐라고 말했는가'가 아니라 '어떤 마음으로 말했는가'를 읽어내려고 안간힘을 쓴다. 이제는 감정의 해상도가 높아진 시대다.

그렇다면 우리는 어떻게 해야 할까?

이 책을 쓰게 된 이유가 바로 여기에 있다. 지난 몇 년간 수많은 사람의 소통 고민을 들어오면서 발견한 것이 있다. 관계에서 오는 문제 대부분은 말의 내용 때문이 아니라 말의 '방식' 때문에 생긴다는 것이다. 똑같은 조언도 누가 어떤 온도로 말하느냐에 따라 감사한 충고가 되기도 하고 잔소리가 되기도 한다.

하지만 희망적인 것은 이 모든 것이 학습 가능하다는 점이다. 당신의 목소리에는 상상 이상의 힘이 숨어 있다. 관계를 회복시킬 수도, 신뢰를 쌓을 수도, 첫인상을 완전히 바꿀 수도 있는 힘이 말이다. 더 나아가 목소리로 당신만의 고유한 매력과 개성을 표현할 수도 있다.

이 책은 단순한 화술서나 스피치 기법서가 아니다. 소통의 감도를 높이고, 타인과 나 사이의 감정적 연결고리를 이해하는 감각적 성장서다. 우리는 이미 말의 내용보다 말의 결이 더 중요한 시대에 살고 있다. 이 책을 통해 새로운 커뮤니케이션의 언어를 익히게 될 것이다.

새로운 커뮤니케이션의 시작

이 책을 통해 당신은 다음을 경험하게 될 것이다.

첫째, 상대방의 진심을 정확히 읽어내는 능력을 기를 것이다. 말에 숨겨진 감정의 신호들을 포착하고, 상대방이 정말로 하고 싶은 말이 무엇인지 알아챌 수 있게 된다.

둘째, 호감과 신뢰를 동시에 얻는 목소리 사용법을 익힐 것이다. 첫 만남에서도, 중요한 순간에도 당신의 진정성을 자연스럽게 전달하는 방법을 배운다.

셋째, 어떤 상황에서도 마음과 마음을 연결하는 소통 기술을 터득할 것이다. 갈등 상황에서도 상대방의 마음을 열고, 세대와 문화를 뛰어넘는 대화의 기술을 익힌다.

넷째, 무의식중에 사람들을 불편하게 만드는 말투 습관들을 찾아내고 개선할 것이다. 이를 위해서는 왜 같은 말을 해도 어떤 사람은 호감을 받고 어떤 사람은 그렇지 못한지, 그 차이의 비밀을 알아내는 작업이 필요하다.

다섯째, 나만의 독특한 매력을 표현하는 음성 브랜딩을 완성할 것이다. 업무에서는 신뢰받고, 일상에서는 사랑받는 당신만의 목소리 정체성을 만들어낸다.

마지막으로, 이 모든 변화를 지속 가능하게 만드는 실천 시스템을 구축할 것이다. 이를 위해서는 하루 몇 분의 연습으로도 꾸준히 성장할 수 있는 개인 맞춤형 훈련법을 찾아내야 한다.

무엇보다 이 모든 내용을 일상에서 바로 실천할 수 있도록 구성했다. 거창한 이론도 아니고 초능력이나 마법은 더더욱 아니다. 오늘부터 당장 써먹을 수 있는 실용적인 방법들이다. 복잡한 발성 연습이나 어려운 심리학 이론이 아니라 누구나 쉽게 따라 할 수 있는 구체적인 가이드를 담았다.

이 책을 읽고 나면 새로운 자신과 만나게 될 것이다. 똑같은 말도 어떤 결을 가지고 전달하느냐에 따라 완전히 다른 결과를 만들어낸다는 것을. 그리고 그 작은 변화가 당신의 인간관계는 물론이고 삶의 질 자체를 바꿔놓는다는 사실과 만나게 될 것이다.

목소리는 우리가 가진 가장 개인적이면서도 가장 강력한 소통 도구다. 이 책과 함께 당신만의 매력적인 말의 온도를 찾아내고, 더 깊이 있는 관계를 만들어가기를 바란다. 그 여정이 당신의 삶을 한층 더 가치 있게 만들 것이다. 왜냐하면 결국 우리의 삶은 수많은 대화로 이루어져 있고, 그 대화의 질이 바로 삶의 질이기 때문이다.

2026. 1.

이인지

CONTENTS

프롤로그 말 잘하는 사람보다 느낌 좋은 사람이 기억되는 이유   4

1장. 당신의 말은 들리는 대로만 들리지 않는다

1 보이지 않는 언어, 소리 너머의 메시지   16

2 목소리에 숨어 있는 암호들   21

3 파라랭귀지를 다듬어야 하는 이유   27

2장. 좋은 인상은 말투에서 시작된다

1 호감과 비호감을 가르는 한 끗   40

2 목소리 때문에 헤어질 뻔했던 커플   47

3 "뭐라고요?" 되묻게 하는 사람들   53

4 호흡만 바꿔도 달라지는 목소리   60

5 소리의 명료함은 모음에서 결정된다   66

6 울림 있는 목소리가 만드는 차이   73

7 왜 어떤 사람은 목소리만 들어도 신뢰가 갈까?   81

8 문장의 끝이 남기는 인상   87

3장. 소통은 언어가 아니라 파장이다

1 말을 넘어선 감정의 진동   98

2 혹시 당신은 말 폭격기?   103

3 기다리다 지치는 대화   109

4 말의 주인이 되는 법   113

5 말하지 않을 때 더 강력해지는 순간   122

6 온라인 시대의 새로운 음성 예절　129

4장. 관계를 망치는 파라랭귀지의 오류들

1 관계의 주파수가 어긋날 때　140

2 소리 없는 무례함　145

3 나도 모르게 쓰는 말　150

4 눈깜빡임과 시선의 심리학　155

5 당신의 거짓말이 보여요　161

5장. 말의 결로 관계를 회복하라

1 소리로 읽는 감정의 언어　170

2 관계를 회복하는 사과의 기술　176

3 소통의 윤활유, 쿠션어　183

4 말의 완충이 지나칠 때　191

6장. 목소리로 완성하는 퍼스널 브랜딩

1 당신의 목소리가 곧 당신이다　200

2 파라랭귀지가 바뀌면 목소리가 바뀐다　208

3 소리로 설계하는 인상　214

4 말보다 깊은 설득, 리듬의 힘　220

5 소리의 품격은 마음의 결에서 비롯된다　227

6 우리는 서로의 목소리로 기억된다　235

부록 파라랭귀지 자가 진단 체크리스트　243

단어는 입에서 나오지만,
의미는 목소리의 흐름과 떨림에서 드러난다.
같은 문장을 말해도 다른 결이 만들어지는 이유가 여기에 있다.
진심은 언제나 문장 밖에서 속삭인다.
우리의 귀가 아니라 마음이 먼저 반응하는 곳에서.

당신의 말은 들리는 대로만 들리지 않는다

1

보이지 않는 언어,
소리 너머의 메시지

우리는 종종 전하려는 말의 의도와 전혀 다른 방식으로 이해되곤 한다. 진심을 담아 건넨 말이 오히려 오해를 불러일으키고, 상대방은 내가 의도했던 것과 전혀 다른 감정을 읽어낸다. 소통이 엇갈리는 순간마다 우리는 혼란스러움을 느낀다.

2013년 아카데미 시상식에서 《레 미제라블》로 생애 첫 여우조연상을 수상한 앤 헤서웨이Anne Hathaway 역시 그 혼란의 중심에 섰다. 시상대에 오른 그녀는 떨리는 목소리로 "It came true(꿈이 이뤄졌어요)."라고 수상 소감을 이어갔다. 그녀의 문장은 흠잡을 데가 없었다. 준비된 듯 차분했고, 단어마다 감사와 환희가 담겨 있었다. 그러나 당시 대중과 언론의 반응은 싸늘했다. 시청자들은 그녀의 수상 소감을 진정성 있는 환희가 아닌 연출로 받아들였다. 한 언론은 그녀의 수상 소감을 "지나치게 연습한 듯하다(overly rehearsed)."라고 꼬집었고, 일부 팬들은 "너무 작위적이고 가식적이다."라며 비난을 쏟아냈다. 이후 몇 년간 "헤터헤이터Hathahater"라는 말이 온라인에서 그녀의 말투, 표정, 태도를 트집 잡는 밈처럼 소비됐다.

도대체 무엇이 문제였을까? 그녀가 선택한 단어가 부적절했던 건 아니다. 문제는 그 단어를 전달하는 방식이었다. 소감을 말하는 내내 호흡은 일정하게 떨렸고, 미소는 굳은 듯 유지됐으며, 억양은 문장을 끊어 읽는 연극적 톤에 가까웠다. 결과적으로 감사의 언어는 '연습한 대본'처럼 보였고, 환희의 목소리는 '연출된 감정'처럼 들렸다. 당시 헤서웨이는 이미 실력 있는 배우로 주목받던 터였다. 그런데 그 완벽함이 오히려 감정의 진정성을 가려버렸다는 평가를 받게 했다. 말의 내용은 감사였지만, 전달 방식은 연출처럼 보였던 것이다.

몇 년 후 헤서웨이는 당시를 회고하며 이렇게 말했다. "당시 저는 '판틴'이라는 캐릭터의 고통스러운 감정에서 완전히 벗어나지 못한 상태였어요. 그런 저에게 아카데미 시상식은 너무나 압도적인 자리였고, '단

순한 행복'을 연기해야 하는 상황이 무척 불편하고 힘들었어요." 행복
해야 하는 상황에서 행복을 표현하는 것이 힘들었던 헤서웨이의 혼란
스러운 감정이 미묘하게 새어 나왔던 게 아닐까.

해서웨이의 수상 소감을 둘러싼 논란은 말이 왜 그대로 상대에게 전
달되지 않는지, 말의 내용이 아무리 긍정적이고 완벽하더라도 전달 방
식과 불일치할 때 얼마나 큰 오해를 불러일으킬 수 있는지를 보여준다.

소리 너머의 진실

사람들은 대개 말속에 진심이 담겨 있다고 믿는다. 하지만 실제로 우
리는 말의 내용만으로 상대방의 마음을 완전히 읽을 수는 없다.

"사랑해."

이 짧은 세 음절을 적어 놓고 보면 참 아름다운 단어라는 생각이 든
다. 그런데 이상한 일이다. 같은 말인데도 화자와 상황, 억양과 속도에
따라 전혀 다른 온도로 다가온다.

어느 날 저녁, 내가 남편에게 불쑥 말했다.

"사랑해."

남편은 나를 쳐다보지도 않은 채 대답했다.

"뭐 필요해?"

예상했던 반응이라 피식 웃음이 나왔다. 내가 아무 말도 하지 않자 남편은 잠시 멈칫하더니 그제야 고개를 들고 물었다.

"갑자기 왜 그래. 무슨 일 있어?"

15년을 함께 산 부부의 대화가 이렇다. 물론 우리 부부도 연애할 땐 지금과는 달랐다. 그땐 "사랑해."라는 말이 그 자체로 설렘이었다. 그 한마디면 세상이 다 내 것 같았다. 하지만 오래된 관계에서 그 말은 점점 의미를 잃어갔다. 지금의 "사랑해."는 애정의 표현이라기보다 종종 무언가 필요하거나 분위기를 풀기 위한 신호로 사용된다.

남편보다 더 서운한 건 딸아이다. 어린 시절, 아이가 내 품에 안겨 "엄마 사랑해."라고 속삭이던 순간의 온기가 아직도 생생하다. 그때 딸아이의 말에는 그 어떤 계산도 망설임도 없었다. 그저 온몸으로 흘러나온 솔직한 감정이었다. 세상에서 가장 순수한 진심의 목소리였다.

하지만 중학생이 된 지금, 딸의 "사랑해."는 조금 다르게 와닿는다.

용돈이 필요하거나 사고 싶은 게 있을 때 등장한다. 그 말이 들리는 순간 나는 반사적으로 묻게 된다.

"뭐가 필요할까?"

똑같은 세 음절인데, 말이 품은 정서는 완전히 다르다. 그리고 그 미세한 차이를 만들어내는 것은 단어 자체가 아니라 목소리의 억양, 속도, 호흡, 떨림 등 보이지 않는 요소들이다. 목소리 너머의 소리 없는 음성. 보이지 않는 언어, 이것을 파라랭귀지paralanguage라고 한다. 단어에 실리지 않은 감정의 흔적, 말의 뉘앙스를 결정짓는 소리의 결이다. 사람은 상대의 말을 들을 때 단어보다 먼저 분위기를 듣는다. 말이 품은 온도를 듣고, 그 온도에서 마음의 방향을 읽는다. 말의 온도를 차갑게도 하고 뜨겁게도 하며, 말의 방향을 진실처럼 또는 거짓처럼 들리게 하는 것이 바로 이 파라랭귀지다.

2

목소리에 숨어 있는 암호들

'바디랭귀지body language'라는 단어를 누구나 한 번쯤 들어본 적이 있을 것이다. 팔짱을 끼면 상대가 나에게 거리를 둔다는 뜻이고, 시선을 피하면 뭔가 숨기고 있다는 신호라는 식으로 상대의 움직임만으로도 어느 정도 감정을 읽어낸다. 몸짓과 표정이 감정의 단서를 남긴다는 사실은 이제 상식에 가깝다.

하지만 파라랭귀지paralanguage라는 말은 조금은 낯설고 어렵게 느껴진다. 처음 듣는 사람도 있을 것이고, 어디선가 들어봤더라도 정확히 무엇을 가리키는지 모를 수 있다. 말 그대로 해석해 보자면, 'para'는 '옆' '주변'이라는 뜻을 가진 접두사다. 즉 파라랭귀지는 '말language 옆에 붙어 있는 언어, 말 주변을 맴도는 언어'라는 뜻이다. 우리가 무언가를 말할 때 단어와 함께 흘러나오지만 단어 그 자체는 아닌 것들이다. 가령 목소리의 높낮이, 말의 속도, 억양의 변화, 숨소리, 웃음, 한숨, 침묵까지, 모든 것이 파라랭귀지에 속한다.

쉽게 말하면, 파라랭귀지는 '무엇을' 말하느냐가 아니라 '어떻게' 말하느냐에 관한 것이다. 바디랭귀지가 몸으로 보여주는 언어라면, 파라랭귀지는 목소리로 전하는 언어다. 둘 다 말의 내용 없이도 많은 것을 전달한다는 공통점이 있지만, 작동하는 방식은 완전히 다르다.

바디랭귀지는 눈으로 본다. 상대방의 표정, 몸짓, 자세를 관찰하며 그 사람의 마음을 추측한다. 반면 파라랭귀지는 귀로 듣는다. 목소리의 떨림, 말끝의 여운, 침묵의 길이에서 감정의 결을 감지한다.

그런 의미에서 전화 통화는 흥미로운 소통 상황이 된다. 전화로는 상대방의 얼굴도, 손짓도, 자세도 볼 수 없다. 바디랭귀지가 완전히 차단된 채 오직 목소리만으로 대화해야 한다. 그 순간 파라랭귀지에 전적으로 의존하게 된다.

우리는 파라랭귀지라는 단어를 몰랐더라도 상대방의 말에 담긴 의중을 판단할 때 무의식적으로 이 파라랭귀지를 통해 파악해왔다. 예를 들어, "괜찮아."라는 똑같은 단어를 말하더라도, 낮고 힘없는 톤으로 말하면 걱정과 체념이 묻어나지만, 밝고 경쾌하게 말하면 진짜로 안심해도 된다는 메시지로 전달된다.

목소리가 만드는 의미의 층위

파라랭귀지는 생각보다 훨씬 복잡하고 정교하다. 파라랭귀지라는 개념이 처음 정교하게 정리된 것은 1950년대 후반이다. 미국의 언어학자 조지 트레이거George L. Trager가 1958년 발표한 논문 〈Paralanguage: A First Approximation〉에서 파라랭귀지를 체계적으로 분류했다. 그는 목소리의 톤과 높낮이, 음량, 속도처럼 말하는 방식을 규정하는 요소들을 'vocal qualifiers(음성 한정 요소)'라고 불렀고, 웃음이나 한숨, 흐느낌처럼 문장 구조와 별개로 나오는 소리들을 'vocal segregates(음성 반응 요소)'로 구분했다. 트레이거의 분류는 이후 비언어 커뮤니케이션 연구의 기초가 되었고, 우리가 일상에서 당연하게 느끼는 음성의 뉘앙스가 실제로 언어와 독립된 하나의 체계라는 사실을 처음 보여준 연구로 평가된다.

조금 어려운 용어처럼 들리지만, 사실 우리는 이미 이것들을 매일 사용하고 있다. 대화를 나눌 때 상대의 말을 문자 그대로 해석한다고 믿지만, 실제로는 훨씬 복잡한 방식으로 소통하고 있다. 말의 의미는 언어와 비언어가 서로 얽혀 만들어낸 결과물이다. 그래서 파라랭귀지는 독립된 기술이라기보다 말을 이루는 깊은 층위에 숨어 있는 또 다른 언어라고 할 수 있다.

억양intonation은 문장의 끝을 어떻게 처리하느냐에 따라 의미를 바꾼다. "그래."를 차분한 어조로 말하면 긍정이지만, 끝음을 올려서 말하면 의문이나 의심이 된다. 억양은 일종의 마음의 곡선이다. 말의 오르내리는 곡선을 통해 상대의 정서를 읽는다.

음높이pitch는 감정의 온도를 드러낸다. 흥분하거나 놀랐을 때 목소리는 높아지고, 슬프거나 지쳤을 때는 낮게 깔린다. 아이를 달래는 엄마의 목소리가 유난히 부드럽고 높은 톤인 이유가 여기 있다.

말의 속도tempo는 화자의 심리 상태를 암시한다. 원래 말이 느리거나 빠른 사람이 있지만, 평소보다 말이 빨라졌다면 긴장하거나 불안하다는 증거일 수 있다. 반면 진지한 고백을 할 때나 망설일 때는 말의 속도가 평소보다 느려진다.

톤tone은 사람의 결을 드러낸다. 같은 노래라도 톤이 다른 가수가 부르면 전혀 다른 노래로 들리듯이 같은 말이라도 톤이 달라지면 전혀 다른 인상을 남긴다. 부드러운 톤은 친밀감을, 냉랭한 톤은 거리를 만든다. 톤은 단순한 높낮이가 아니라 말에 묻어나는 정서의 색깔이다. 어떤 사람의 목소리가 듣기만 해도 편안한 이유는 그 안에 따뜻함의 주파수가 깃들어 있기 때문이다.

리듬rythem, 즉 말의 강약은 감정의 맥박이다. 모든 문장에는 박동이 있다. 일정한 속도로 흐르는 말은 안정감을 주지만, 강조와 휴식이 교차할 때 생기는 리듬은 듣는 사람의 감정을 흔든다. 강약이 살아 있는 말은 감정의 입체감을 만든다.

음량volume은 권위와 감정의 강도를 조절한다. 속삭임은 친밀감을, 큰

소리는 분노나 열정을 표현한다.

침묵^{pause}도 강력한 파라랭귀지다. "나, 사실은…"처럼 말 사이사이에 끼어드는 침묵은 망설임과 불안을 전달한다. 반대로 자신 있는 발표자는 침묵을 의도적으로 활용해 청중의 주의를 집중시킨다.

이 요소들은 결코 따로 존재하지 않는다. 이 모든 요소가 한데 어우러져 하나의 말을 완성한다. 우리는 누군가의 말을 들을 때 그 사람이 무엇을 말했는지보다 파라랭귀지가 만들어낸 정서적 패턴을 먼저 느낀다. 그래서 같은 "사랑해."를 듣고도 각자의 마음속에 전혀 다른 감정이 일어나는 것이다. 파라랭귀지는 단순히 목소리의 기술이 아니다. 말 너머의 언어다. 단어로는 표현되지 않지만 목소리에는 고스란히 담기는 감정의 결, 의도의 흔적, 관계의 온도. 바디랭귀지처럼 눈에 보이지 않기 때문에 더 간과되기 쉽지만 실제로는 훨씬 더 강력한 영향력을 발휘한다.

파라랭귀지를
다듬어야 하는 이유

문제는 파라랭귀지 속에 숨은 암호가 항상 정확하게 전달되고 해독되는 것은 아니라는 데 있다. 종종 자신이 한 말의 내용만 기억한다. '분명히 고맙다고 했는데' '사과도 했는데' '칭찬했는데' 내가 한 말은 분명 좋은 내용이었는데, 왜 상대는 다르게 받아들이는 걸까.

앞서도 여러 차례 강조했듯이 문제는 우리가 '무엇'을 말했는지에만 집중하고 '어떻게' 말했는지 인식하지 못한다는 데 있다.

"수고했어."

이 말을 상사가 부하 직원에게 건넬 때를 생각해보자. 같은 네 음절이지만 따뜻한 미소와 함께 천천히 부드러운 톤으로 말하면 진심 어린 격려로 들린다. 하지만 고개도 들지 않고 무표정한 얼굴로 빠르고 평평한 톤으로 던지면 그저 형식적인 인사말이 되거나, 심지어 '이제 그만 가라'는 신호로 해석된다. 여기에 한숨까지 더해지면 부하 직원은 상사의 의도와는 정반대로 비난으로 받아들이게 된다. 그리고 이 둘 사이에는 서서히 보이지 않는 벽이 쌓인다. 상사는 칭찬했는데 왜 직원이 소극적이고 자신과 거리를 두는지 고민하게 되고, 부하 직원은 어떻게 해야 상사에게 인정받을 수 있을지 고민하게 된다. 둘 사이의 간극은 단어가 아니라 파라랭귀지에서 생겨난 것이다.

이런 일은 비단 직장에서만 일어나지 않는다. 가정에서도, 친구 관계에서도, 연인 사이에서도 반복된다. 좋은 말을 하려고 애쓰지만, 정작 그 말을 전달하는 방식에는 무심하다. 그리고 그 무심함이 관계에 균열을 만든다.

나 역시 이 사실을 뼈저리게 깨달은 순간이 있다. 내가 처음으로 행사에서 사회를 맡았던 날이었다. 원고에는 부족함이 없었다. 혹시 어색한 표현이 있을지 몰라서 멘트 한 줄 한 줄을 곱씹으며 수없이 수정한 문장이었다. 행사가 끝난 뒤, 한 분이 조심스레 내게 말을 건넸다. "멘트는 좋았는데 …, 평소와 다르게 오늘은 조금 차가워 보였어요.”

잠시 멈칫했다. 누구보다 따뜻하게 관객을 맞이하고 싶은 마음이었는데, 정작 청중은 나를 차갑게 느꼈다는 사실이 충격이었다. 돌이켜보니 나는 떨림을 감추려고 표정을 굳히고 실수하지 않기 위해 말의 속도를 지나치게 끌어올렸다. 호흡도 짧게 잘랐다. 이 모든 것이 거리감 있는 말투를 만들어냈다.

그날 나는 깨달았다. 좋은 말을 한다고 해서 좋은 사람이 되는 것은 아니라는 것, 말의 내용보다 말에 실린 공기, 리듬, 표정, 호흡이 사람의 마음에 먼저 도착한다는 것을.

신뢰를 만드는 건 내용이 아니다

처음 만나는 사이에서는 파라랭귀지가 더 중요하다. 사람들은 누군가를 처음 만났을 때 3초 안에 첫인상을 형성한다고 한다. 그리고 그 첫인상의 상당 부분은 목소리로 결정된다. 누군가 “안녕하세요, 만나서

반갑습니다."라고 인사할 때, 그 말의 내용보다 먼저 목소리의 톤을 듣는다. 목소리가 밝고 경쾌한가 아니면 지루하고 소극적인가. 그걸 통해 이 사람이 나에게 호의적인지 아닌지를 판단한다.

이 모든 판단이 단 몇 초 만에 이루어진다는 사실은 실로 무섭다. 그리고 한번 형성된 첫인상을 바꾸려면 엄청난 시간과 노력이 필요하다. 물론 이런 판단이 항상 정확한 건 아니다. 하지만 중요한 건 상대방이 그렇게 느낀다는 사실이다. 그리고 그 느낌이 이후의 모든 관계를 규정하기도 한다.

직장 면접, 소개팅, 프레젠테이션, 고객 미팅. 인생의 중요한 순간들은 대부분 처음 만난 사람과의 대화로 시작된다. 그 짧은 순간에 단어뿐 아니라 파라랭귀지로도 말한다. 의도하든 의도하지 않든 우리의 목소리는 끊임없이 메시지를 보낸다.

파라랭귀지가 우리의 인상을 결정하는 데 있어 바디랭귀지보다 더 직접적으로 작용한다. 표정은 상황에 따라 충분히 연출할 수 있지만, 목소리는 무의식의 흔적을 잘 숨기지 못한다. 억양은 마음의 곡선을 드러내고, 속도는 심리의 높낮이를 따라 움직이며, 호흡은 감정의 떨림을 가장 먼저 폭로한다. 그래서 사람들은 "말은 괜찮다고 했는데 느낌은 그렇지 않았다."는 경험을 자주 한다. 이는 말의 내용이 아니라 말의 파장이 관계를 움직인다는 명백한 증거다.

사람들은 좋은 내용을 말하면 신뢰를 얻을 수 있다고 생각한다. 하지만 현실은 다르다. 2016년 미국 대선을 떠올려 보자. 힐러리 클린턴은 정책적으로 훨씬 구체적이고 논리적인 공약을 제시했다. 반면 도널드 트럼프의 발언은 종종 논리적 허점이 있었고 사실관계가 불분명할 때도 많았다. 그런데도 트럼프가 당선됐다.

정치 분석가들은 여러 요인을 지목했지만, 그중 하나는 목소리의 힘이었다. 트럼프는 단순하고 반복적인 문장을 강한 톤으로, 확신에 찬 억양으로 전달했다. "Make America Great Again(미국을 다시 위대하게)." 이 짧은 문장은 그의 힘 있는 목소리와 결합해 대중에게 강렬한 인상을 남겼다. 반면 힐러리의 목소리는 종종 날카롭고 경직돼 보였으며, 긴 문장을 빠르게 쏟아내는 방식은 청중과의 정서적 연결을 방해했다.

물론 이것만으로 선거 결과를 설명할 수는 없다. 하지만 분명한 건 같은 내용이라도 어떻게 전달하느냐에 따라 전혀 다른 반응을 이끌어 낸다는 것이다.

비즈니스 세계에서도 마찬가지다. 투자자들은 사업 계획서의 내용만큼이나 창업자의 피칭 방식을 본다. 스티브 잡스가 아이폰을 처음 공개했을 때를 떠올려 보자. 그는 "Today, Apple is going to reinvent the phone(오늘, 애플은 휴대폰을 새롭게 정의한다)."이라고 말하며 극적인 침묵을 두었다. 그 짧은 침묵이 청중의 기대감을 극대화했다. 그는 말의 속도를 자유자재로 조절했고, 중요한 순간에는 목소리를 낮추고 천천히 말해 집중력을 끌어올렸다. 잡스의 프레젠테이션이 전설이 된 이유는 제품이 혁신적이어서만은 아니다. 그가 파라랭귀지를 완벽하게 구사했기 때문이다.

반면, 파라랭귀지를 제대로 다루지 못하면 끊임없이 오해받는다. 그리고 그 오해는 누적된다. 오해가 누적되면 어떤 결과를 가져오는지를 보여주는 사례가 있다. 지인 부부의 이야기다. 남편은 매일 퇴근하며 아내에게 "오늘 힘들었어."라고 말했다. 아내는 처음엔 걱정하며 위로했다. 하지만 매일 똑같은 톤으로, 똑같은 억양으로 반복되는 그 말은 점점 불평처럼 들렸다. 남편은 그저 힘든 하루를 공유하고 싶었을 뿐인데, 아내는 '또 투덜거린다'고 느꼈다.

결국 어느 날 아내가 폭발했다.
"매일 힘들다는 말만 하면 나는 어떡하라는 거야!"
남편은 어리둥절했다.
"난 그냥 이야기한 것뿐인데 왜 그래?"

문제는 남편이 무엇을 말했는가가 아니라 어떻게 말했는가에 있었다. 그의 목소리는 지쳐 있었고, 말투는 힘이 없었으며, 매일 똑같은 리듬으로 반복됐다. 아내는 그 파라랭귀지를 자신에 대한 불만으로 오해했던 것이다.

이처럼 파라랭귀지의 오독은 관계를 서서히 무너뜨린다. 한 번의 오해는 웃고 넘길 수 있지만, 반복되는 오해는 불신을 만든다. 그리고 그 불신은 관계의 토대를 흔든다.

파라랭귀지는 바꿀 수 있다

우리가 자신의 파라랭귀지를 의식적으로 다듬어야 하는 이유가 바로 여기에 있다. 파라랭귀지는 단순히 말투를 예쁘게 만드는 기술이 아니다. 사람 사이의 거리를 조절하고, 감정의 방향을 잡아주며, 대화의 결을 정돈하는 하나의 감정적 언어다. 잘 다듬어진 파라랭귀지는 상대에게 편안함을 주고, 신뢰를 형성하고, 자연스럽게 관계의 흐름을 부드럽게 만든다. 반대로 파라랭귀지가 조율되지 않으면 아무리 좋은 말을 해도 오해를 부르고 대화가 자꾸 비틀린 방향으로 끌려 간다.

다행히 파라랭귀지는 개선할 수 있다. 타고난 목소리를 바꾸라는 이야기가 아니다. 자신의 목소리를 인식하고, 상황에 맞게 조절하는 법을 익히면 된다. 잘 어울리는 옷을 찾기 위해 퍼스널 컬러를 고민한다. 따뜻한 색이 더 생기를 주기도 하고, 차가운 색이 더 세련된 느낌을 주기도 한다. 목소리도 마찬가지다. 사람마다 퍼스널 보이스가 있다. 어떤 목소리는 밝고 경쾌해 친근함을 주고, 어떤 목소리는 낮고 묵직해 신뢰를 준다. 어떤 사람은 말끝을 위로 올릴 때 설렘을 만들고, 어떤 사람은 천천히 끊어 말할 때 깊은 울림을 준다.

중요한 것은 '다른 사람처럼' 말하는 것이 아니다. 나의 목소리가 가진 가장 좋은 결을 발견하고, 그 결을 상황에 맞게 사용할 줄 아는 것이다. 그 순간 목소리는 단순한 소리가 아니라 나를 증명하는 브랜드가 된다.

배우들을 떠올려 보자. 같은 배우가 작품에 따라 완전히 다른 목소리를 낸다. 코미디에서는 경쾌하고 빠른 말투로, 스릴러에서는 낮고 무거운 톤으로, 멜로드라마에서는 부드럽고 따뜻한 억양으로 말한다. 그들은 목소리를 마치 악기처럼 다룬다.

파라랭귀지에 대한 감각은 타고나는 것이 아니라 인식과 훈련을 통해 가다듬어지는 능력이다. 자신의 말에 어떤 리듬이 있는지, 말끝을 어떻게 처리하는지, 호흡이 어떻게 감정을 드러내는지를 느끼게 되는 순간 비로소 소리 너머의 소통을 시작하게 된다. 그렇게 목소리의 작은 흔들림까지 바라볼 수 있게 되었을 때 관계의 온도는 분명 달라진다.

당신도 충분히 할 수 있다. 물론 배우처럼 완벽하게 연기할 필요는 없다. 다만 자신의 목소리가 어떤 인상을 주는지 인식하고, 필요할 때 조금씩 조절할 수 있으면 된다. 중요한 발표를 앞두고 있다면 말의 속도를 의식적으로 늦춰 보는 연습을 하면 도움이 된다. 긴장해서 빨라지는 말을 통제하는 것만으로도 훨씬 안정적으로 보인다. 누군가를 위로할 때는 목소리의 톤을 평소보다 낮추는 게 좋다.

이 모든 것은 연습으로 가능하다. 목소리를 녹음해서 들어보는 것만으로도 놀라운 발견이 있을 것이다. '내가 이렇게 빨리 말하고 있었구나' '내 목소리가 생각보다 차갑게 들리네' '내가 한숨을 이렇게나 자주 쉬었나' 깨닫게 된다. 인식이 개선의 첫걸음이다.

내게도 그런 순간이 있었다. 청소년들을 대상으로 한 강연에서 아이들이 집중하지 않는 모습을 보고 마음이 급해진 적이 있었다. 말의 속도는 점점 빨라지고, 호흡은 짧아지고, 설명은 깊어지지 못한 채 흘러갔다. 그러다 문득 나 자신에게 질문했다.
'지금 내 목소리가 어디를 향하고 있지?'

나는 잠시 멈추고, 크게 한 번 숨을 들이쉰 뒤 조금 더 낮은 톤, 느린 속도로 다시 말을 꺼냈다. 그 순간 놀라운 일이 일어났다. 웅성거리던

  보이지 않는 말이 관계를 완성한다

아이들의 시선이 한 사람, 두 사람, 내 목소리에 맞춰 조용히 모여들기 시작했다. 말의 내용은 바뀌지 않았다. 바뀐 건 단지 소리의 결이었다. 그 짧은 몇 초가 내 강연 인생을 다시 써준 순간이었다.

이제 목소리의 높낮이, 속도, 리듬, 억양, 잠깐의 침묵까지도 나를 변화시키고, 관계를 바꾸는 힘으로 바라보게 될 것이다.

발음이 정확해도 호감을 잃는 사람이 있고
말을 더듬어도 신뢰를 얻는 사람이 있다.
첫인상을 결정하는 것은 유창함이 아니다.
목소리의 톤, 말의 속도, 호흡의 깊이….
이 보이지 않는 요소들이 당신에 대한 판단을 만든다.
인상은 무엇을 말하느냐가 아니라
어떻게 말하느냐에서 완성된다.

좋은 인상은 말투에서 시작된다

1

호감과 비호감을 가르는 한 끗

사람들 사이에서 유독 환영받고 인기 있는 사람이 있다. 특별히 아름다운 외모나 명품을 걸친 것도 아닌데, 왠지 모르게 사람들이 그 주변으로 모여든다. 그 사람이 있으면 왠지 모르게 안심이 되고, 공간에 생기가 감돈다. 반면 능력도 출중하고 외모도 괜찮은데 어딘지 모르게 불편하고 거리감이 느껴지는 사람도 있다. 도대체 무엇이 이 차이를 만드는 걸까. 호감과 비호감을 가르는 그 미묘한 한 끗은 어디서 오는 것일까.

우리는 대화할 때 상대방의 말 내용에만 집중하는 것이 아니다. 목소리의 톤, 속도, 억양 등 비언어적 요소인 파라랭귀지를 통해 상대방의 감정 상태나 의도를 파악하고, 그 사람에 대한 인상을 형성한다.

2022년 중국 랴오닝사범대학^{Liaoning Normal University}의 샹쥔천^{Junchen Shang}과 리우즈후이^{Zhihui Liu} 연구팀이 수행한 연구에 따르면, 목소리의 매력도가 우리의 사회적 행동에까지 영향을 미치는 것으로 나타났다. 이것을 증명하기 위해 연구팀은 '신뢰 게임^{trust game}'이라는 경제 실험을 활용했다. 참가자들은 먼저 가상의 파트너 목소리를 듣고, 그 파트너와 협력해 금전적 보상을 얻기 위해 돈을 투자할지를 결정해야 했다. 실험 결과, 참가자들은 매력적인 목소리의 파트너에게 더 많은 투자를 선택했고, 더 높은 신뢰와 협력 의사를 보였다.

일반적으로 사람들이 매력적인 외모를 가진 사람에게 더 호의적이고 협력하려는 경향을 보이는 '아름다움 프리미엄^{Beauty Premium}' 효과가 목소리에서도 유사하게 관찰됐다는 이야기다. 이는 목소리의 호감도가 사회적 의사결정에 큰 영향을 미치며, 우리가 생각하는 것보다 훨씬 더 강력한 비언어적 신호임을 의미한다.

마음을 끌어당기는 소리의 문법

호감을 주는 사람들에게는 공통점이 있다. 부드러운 말투, 여유 있는 목소리, 경청하는 자세, 밝은 미소. 이런 것들이 총체적으로 합쳐져서 호감을 만들어낸다. 이런 사람들은 한 문장을 끝까지 다 마치고 나서야 다음 문장을 꺼낸다. 그 사이의 짧은 여백이 듣는 사람의 마음을 편하게 만든다. 말할 때 고개를 끄덕여 공감을 표시해주고, 눈을 맞추는 시간도 적당하다. 그런 대화에서는 긴장을 풀고 웃을 타이밍이 자연스럽게 찾아온다.

사실 우리는 매력적인 파라랭귀지가 무엇인지 이미 잘 알고 있다. 그런데도 실천이 쉽지 않다. 이유는 무엇일까. 안타깝게도 자신이 상대에게 어떻게 비치는지 모르는 경우가 많기 때문이다. 자신이 어떤 파라랭귀지를 사용하는지, 그것이 상대에게 어떻게 전달되는지 알지 못하는 것이다.

학원을 운영할 때의 일이다. 누구보다 열정적이었던 한 학생의 학부모가 어느 날 내게 자신의 고민을 털어놨다. 주변 학부모들이 자신을 시기해서 따돌림을 당하는 것 같다는 이야기였다. 안타까운 마음에 1시간 넘게 자리에 앉아 그녀의 고민을 들었다. 그런데 어느 순간 왜 다른 사람들이 그녀를 피하는지 어렴풋이 알게 됐다. 자신의 고민으로 시

   보이지 않는 말이 관계를 완성한다

작된 이야기는 어느새 그녀의 개인사까지 줄줄 이어졌다.

어린 시절 이야기, 부모님 이야기에 남편과의 부부 문제까지. 끝도 없이 이야기가 이어졌고, 어느새 나는 입도 뻥긋하지 못하고 듣고만 있는 나 자신을 발견했다. 내가 한마디 하려고 하면 말이 끝나기도 전에 "그건 말이죠." 하며 자기 경험으로 이어갔다. 말의 속도도 빠르고, 음조는 높았다. 듣는 사람으로선 대화가 아니라 보고를 듣는 기분이었다. 물론 악의가 있는 사람은 전혀 아니다. 하지만 대화 상대의 입장에서는 그녀가 자기중심적인 사람으로 느껴져 피하고 싶다는 생각이 들 수도 있다. 나 또한 1시간 대화를 나눈 뒤 수업이 있다는 핑계를 대고 자리를 얼른 정리했다. 그녀에게 부족한 파라랭귀지는 '경청'이었다. 이것 때문에 사람들이 그녀에게서 멀어졌을 것이다.

누구나 사람들에게 보이고 싶은 자신의 상像이 있다. 신뢰받는 전문가로 보이고 싶거나 따뜻하고 친근한 사람으로 기억되고 싶거나 카리스마 있는 리더로 인정받고 싶거나 등 여러 가지 상이 있을 것이다. 문제는 그 설계도가 파라랭귀지라는 실물 도면과 다를 때 생긴다.

얼마 전 강연에서 만난 30대 여성도 비슷한 고민을 안고 있었다.

"사람들이 저를 우습게 생각해요. 왜 그런지 도통 모르겠어요."

자신은 사람들에게 친절하게 대하는데, 그걸 사람들이 만만하게 생각하는 것 같다는 이야기였다. 나는 몇 마디 대화를 나누면서 그녀의 행동과 말투를 가만히 관찰했다. 그런데 한 가지 요인이 있었다. 그녀는 말을 끝까지 마무리하지 못하고 얼버무렸다.

"저를 너무 편안하게 생각해서 그런가 싶다가도… 제가 너무 잘 웃어서 그런 것 같기도… 암튼 기분이 그다지…"

이야기가 끝으로 갈수록 목소리도 작아져 위축되어 보였다. 말 중간에서 호흡이 끊기고, 끝음이 닫히지 않으니 듣는 사람은 자연스럽게 '자신감이 부족한 사람'이라고 느꼈을 것이다. 하지만 실제로 그녀는 능력 있고 사려 깊은 사람이었다.

나는 그녀에게 한 가지를 조언했다.

"말을 끝까지 해보세요. 문장의 끝을 닫으면 톤이 달라지거든요."

전문적으로 보이려면 목소리 톤을 조정하는 것이 그 출발점이다. 톤에 따라 따뜻한 인상을 주기도 하고, 차가운 인상을 주기도 한다. 이 여성의 경우 상대가 자신을 만만하게 본다고 생각한다고 해서 차가운 인상을 주기 위해 딱딱하게 말할 필요는 없었다. 말의 내용이 따뜻하다면 톤을 낮추고, 끝음 처리만 깔끔하게 해도 훨씬 신뢰감 있는 파라랭귀지를 완성할 수 있다.

앞의 두 명의 이야기는 한 가지 사실로 귀결된다. 파라랭귀지는 사람의 인상을 결정짓는 결정적인 변수라는 점이다. 잘못된 파라랭귀지는 오해를 낳고, 조율된 파라랭귀지는 신뢰를 만든다. 그 차이는 불과 몇 초 동안 말하는 한 문장에 불과하지만, 인상은 그 짧은 순간에 발화하는 문장으로 결정된다.

다행히도 이 간극은 타고난 성격을 바꾸지 않아도 메울 수 있다. 말의 리듬을 조율하고, 끝음을 닫고, 호흡을 고르고, 말의 속도와 양을 조절하는 것만으로도 이미지는 달라질 수 있다. 마음속의 '이상적인 나'가 목소리를 통해 현실로 드러날 수 있다. 마음속 나의 이미지를 만들기 위해 성형수술을 하거나 명품을 몸에 걸치는 것보다 훨씬 효과적인 방법이, 바로 파라랭귀지를 다듬는 것이다.

　호감과 비호감을 가르는 한 끗, 그것은 거창한 무언가가 아니다. 상대의 말을 끝까지 듣는 경청의 자세, 문장을 끝까지 명확하게 마무리하는 습관, 적절한 억양의 변화, 자연스러운 눈맞춤. 적절한 말의 속도. 이 작은 것들이 모이면 완전히 다른 사람이 될 수 있다.

　이제 질문을 할 시간이다. 내가 세상에 보여주고 싶은 나의 모습은 어떤 모습인가. 그 모습으로 사람들 앞에 서고 싶다면, 오늘부터 파라랭귀지를 돌아보자. 거울 앞에서 말해보고, 녹음해서 들어보고, 신뢰하는 사람에게 피드백을 받아보자. 호감과 비호감을 가르는 그 한 끗은 생각보다 가까운 곳에 있다.

2

목소리 때문에
헤어질 뻔했던 커플

"남자친구 목소리가 크니 이해해줘. 악의가 있는 사람은 아니야."

결혼을 앞둔 친구가 신랑감을 소개하기 전에 당부한 말이었다. 새신랑은 오랫동안 친구들 사이에서 베일에 싸여 있었다. 그도 그럴 것이 연애 3년 만에 친구가 처음으로 남자친구를 소개하는 자리였다.

실제로 그를 만나보니 이유를 알 수 있었다. 조용한 카페에서 만났는데도 그는 마치 넓은 강당에서 연설하듯 큰 소리로 말했다. 주변 사람들이 힐끔힐끔 쳐다볼 정도였다. 진실하고 성실한 인상은 있었지만 첫 만남의 분위기는 편안하지 않았다.

나중에 친구에게 들은 얘기는 흥미로웠다.

"지금은 그나마 작아진 거야. 처음엔 정말 창피했어. 데이트할 때마다 다른 사람들이 우리를 쳐다보는 게 너무 부담스러웠거든. 그래서 너희에게 소개하는 것도 미뤘고, 사실 결혼 직전까지도 망설였어."

더 놀라운 건 그다음 이야기였다.

"목소리가 크니까 믿음이 안 갔어. 사업한다고 하는데 혹시 사기 치는 사람은 아닌가 의심도 했거든. 허세 같고, 진정성이 안 느껴져서 헤어진 적도 있어. 그러다 1년 뒤에 다시 연락이 왔는데, 그때는 목소리가 좀 차분해져 있었어. 그 사이에 목소리 때문에 오해받는 일이 많아서 의식적으로 노력했더라고."

목소리 볼륨이 만드는 첫인상의 함정

결론부터 말하자면 친구 부부는 지금까지 알콩달콩 행복하게 살고 있다. 하지만 이 이야기는 우리가 놓치고 있는 중요한 진실을 보여준다. 목소리의 크기가 단순히 '시끄럽다'는 차원을 넘어 상대의 인격과 진정성까지 좌우한다는 점이다.

2017년 PLOS One에 발표된 연구가 이를 뒷받침한다. 연구진은 참가자들에게 낯선 사람의 목소리를 단 한 단어만 들려줬다. 그런데도 청취자들은 화자가 신뢰할 만한지, 따뜻한지, 지배적인지에 대해 놀라울 만큼 일관된 평가를 내렸다.

더 흥미로운 사실은 이 평가가 단순한 추측이 아니라 실제 성격과 상당한 상관관계를 보였다는 점이다. 연구진은 이를 '음성 기반 성격 추론 **Voice-based Personality Inference**'이라 불렀다. 우리의 뇌는 목소리의 미묘한 떨림과 크기, 거칠기, 호흡 패턴을 감지해 무의식적으로 상대의 성격을 읽어내는 것이다.

큰 목소리는 듣는 사람에게 즉각적으로 불편함을 준다. 조용한 공간에서라면 '시끄럽다'는 생리적 반응부터 시작해, 다른 사람들의 시선을 의식하며 '창피하다'는 감정으로 이어진다. 한국처럼 눈치와 배려를 중시하는 문화권에서는 이런 부담이 더욱 크게 다가올 수밖에 없다. 더 나아가 큰 목소리는 허세나 과장, 자기중심성으로 해석돼 신뢰도를 떨어뜨린다. 웃음소리까지 크면 상대는 위축되고, 대화의 균형이 깨진다. 결국 함께 보내는 시간이 불편해지고, 관계 자체마저 위태로워진다.

목소리가 큰 사람들의 심리적 메커니즘

그렇다면 왜 어떤 사람들은 계속 큰 목소리로 말할까? 언어학자 데이비드 크리스털David Crystal은 저서 《The English Tone of Voice》(1975)에서 목소리 크기가 개인의 소통 패턴을 규정한다고 지적했다. 실제로 목소리가 큰 사람들은 1~10의 볼륨 스펙트럼 중 7~10에만 머무는 경향이 강하다.

그 배경에는 몇 가지 이유가 있다.

첫째, 청각적 습관이다. 어린 시절 가족 모두 목소리가 컸다면, 본인은 자신의 음량을 정상 범주라고 인식한다.

둘째, 심리적 보상 메커니즘이다. 큰 목소리는 주목을 쉽게 얻고 존재감을 강화한다고 생각한다. 이것이 반복되면 무의식적으로 고음량을 선택하는 경향을 보인다.

셋째, 잘못된 자신감이다. 목소리를 키우면 자신감 있어 보인다고 믿지만, 실제로는 상황에 맞는 목소리 조절이야말로 성숙한 자신감의 증거다.

목소리의 크기에 절대적인 기준이 있는 것이 아니다. 상황과 맥락에 따라 달라져야 한다. 카페, 레스토랑, 대중교통 등의 공공장소에서는 상대방만 들을 수 있을 정도의 크기가 적절하다. 일반적으로 1-3 레벨의 볼륨이 좋다. 업무 미팅의 경우 회의실 크기와 참석자 수를 고려해 4-6 레벨 정도가 적당하다. 모든 참석자가 편안하게 들을 수 있으면서도 권위적이지 않은 크기다. 대중 연설은 마이크 사용 여부와 청중 규모에 따라 7-10 레벨까지 사용할 수 있다. 이때는 오히려 큰 목소리가 필요하다. 이와 반대로 연인이나 가족과의 친밀한 대화에서는 1-2 레벨의 속삭이는 듯한 목소리가 친밀감을 높인다.

목소리 크기는 단순히 소음의 문제가 아니다. 그것은 상대방을 존중하는 예의이며, 사회적 지능과 감정 조절 능력을 드러내는 파라랭귀지다. 때로는 한 톤 낮춘 목소리가 관계를 지키고, 신뢰를 쌓는 가장 강력한 언어가 된다.

친구 남편은 여러 번의 오해를 겪은 뒤 의식적으로 목소리를 낮추는 훈련을 했고, 결국 친구와의 관계를 회복했다. 지금은 상황에 맞는 적절한 볼륨으로 대화하며 수위에도 좋은 인상을 주고 있다.

파라랭귀지 툴킷

목소리 볼륨 조절 훈련법

1단계: 목소리 자각하기

먼저 자신의 목소리 크기를 객관적으로 파악해야 한다. 스마트폰으로 일상 대화를 녹음해보자. 처음에는 충격적일 수 있지만, 이것이 변화의 시작이다.

2단계: 볼륨 스케일 연습하기

1부터 10까지의 볼륨으로 같은 문장을 말해보는 연습을 한다. 특히 1-4 레벨의 작은 목소리를 의식적으로 연습해야 한다. 처음에는 어색하겠지만 점차 자연스러워진다.

3단계: 상황별로 적용하기

다양한 상황에서 적절한 볼륨을 사용하는 연습을 한다. 집에서는 3-4 레벨, 카페에서는 2-3 레벨, 회의에서는 5-6 레벨 등 상황에 맞는 기준을 세우고 실천한다.

4단계: 피드백 받기

가까운 사람에게 목소리가 클 때 신호를 보내달라고 도움을 요청한다. 손짓이나 눈빛으로도 충분하다. 이런 실시간 피드백이 습관 교정에 매우 효과적이다.

3

"뭐라고요?"
되묻게 하는 사람들

"죄송한데요, 다시 한번 말씀해 주시겠어요?"

회의실에서, 카페에서, 혹은 친구들과의 모임에서 이런 말을 듣는 사람들이 있다. 그들의 목소리는 마치 물속에서 흘러나오는 것처럼 흐릿하고, 입 안에서만 맴돌다 사라진다. 상대방은 몸을 앞으로 기울이고 귀를 모아야 겨우 알아들을 수 있다.

앞서 목소리가 큰 사람들이 어떻게 오해받고 신뢰를 잃는지 살펴봤다. 그렇다면 작은 목소리는 괜찮을까? 그렇지 않다. 작은 목소리 역시 또 다른 방식으로 인상을 망칠 수 있다. 소심하고, 자신감 없고, 때로는 무언가 숨기는 사람처럼 보이게 한다.

웅얼거림이 만든 침묵의 벽

목소리가 작은 사람들의 공통점은 웅얼거림이다. 소리가 제대로 밖으로 나오지 않고 입 안에서 뭉개진다. 한두 번 되물으면 얼굴이 붉어지고, 심하면 아예 말을 멈추기도 한다. 소통은 그렇게 단절된다.

키즈스피치 학원에서 일할 당시 나는 말을 거의 하지 않거나 웅얼거리는 아이들을 자주 봤다. 그 아이들을 가만히 관찰하면 흥미로운 패턴이 보인다. 주변 어른들이 "왜 말을 안 해?" "크게 말해봐." "똑바로 말해야지."라고 재촉할수록 아이들은 더 입을 닫는다. 압박이 침묵을 강화하는 악순환이 시작되는 것이다.

때로는 치아 교정이 작은 목소리의 원인이 되는 수도 있다. 몇 년간 교정기를 착용하며 입을 작게 벌리는 습관이 몸에 배면 물리적 제약이 사라진 뒤에도 심리적 제약은 계속 남는다. 근육이 기억하기 때문이다. 실제로 나는 스무 살에 치아교정기를 착용했었다. 당시 치아 사이의 철사가 상대에게 보이지 않도록 하기 위해 손으로 입을 가리는 습관이 생겼는데, 그것을 고치는 데 상당한 시간이 걸렸다.

투자의 귀재도 두려워했던 연설

목소리가 작은 사람들은 대부분 대중 앞에 서는 것을 두려워한다. 실제로 자신감이 없어 보이기도 한다. 많은 사람의 시선을 받는 자리에서 발표하는 일은 그들에게 공포 그 자체다. 놀랍게도 워런 버핏도 젊은 시절 같은 공포를 겪었다. 세계적인 투자자, 수많은 주주 앞에서 명쾌하게 투자 철학을 설파하는 그 워런 버핏 말이다.

20대 초반의 버핏은 대중 앞에 서는 것만으로도 공포를 느꼈다. 연설을 생각만 해도 몸이 아플 정도였고, 복통과 구역질까지 겪었다고 고백하기도 했다. 그래서 발표가 없는 수업만 골라 들었고, 연설이 필요한 직업 기회는 아무리 좋아도 거절했다.

그에게 전환점이 찾아온 것은 1951년이었다. 컬럼비아 경영대학원을 졸업한 버핏은 데일 카네기의 대중 연설 강좌에 100달러를 투자했다. 당시로서는 결코 적지 않은 돈이었다. 그러나 그는 자신의 핸디캡을 극복하기 위해 투자하기로 결심했다. 반복적인 연습과 실전 경험을 거치며 버핏은 완전히 공포를 극복했고, 나중에는 "이제 나를 말하지 못하게 막을 수 없다."고 말할 정도가 되었다.

버핏의 이야기는 작은 목소리도, 대중 연설 공포도 타고난 운명이 아니라는 사실을 보여준다. 그것은 훈련으로 충분히 바꿀 수 있는 습관이다.

입 모양이 결정하는 당신의 존재감

자신감 부족이 목소리를 작게 만드는 것은 사실이다. 하지만 파라랭귀지의 관점에서 보면 더 직접적인 원인이 있다. 바로 입 모양이다. 입을 충분히 크게 벌리지 않고 말하는 습관이 있으면 아무리 좋은 내용도 명확하게 전달되지 않는다. 소리는 입 안에서 뭉개지고, 상대방은 무슨 말을 하는지 알아듣기 위해 애를 쓴다. 몇 번이고 되물어야 하는 상황이 반복되면 결국 "한 번 써주시겠어요?"라는 말이 나오고야 만다.

한국과 서구의 문화적 차이도 여기서 드러난다. 서양인들은 "하이 Hi!"라고 인사할 때 밝게 웃으며 입을 활짝 연다. 치아를 드러내는 것을 자연스럽게 여긴다. 반면 한국에서는 예의를 중시하는 문화 속에서 웃을 때 치아를 드러내는 것을 조심스러워한다. 게다가 학교 교육도 말하기보다는 듣기와 쓰기에 집중되어 있어 입을 크게 벌리고 말하는 훈련을 받을 기회가 상대적으로 적다.

그러나 입도 근육이다. 스트레칭으로 유연성을 기를 수 있듯 입 근육도 훈련으로 충분히 개선할 수 있다. 워런 버핏이 100달러 강좌로 인생을 바꿨듯, 의식적인 연습으로 목소리 또한 바꿀 수 있다. 작은 목소리는 타고난 운명이 아니라 바꿀 수 있는 습관이다.

목소리를 키우는 훈련법

목소리를 키운다는 것은 단순히 볼륨을 높이는 일이 아니다. 소리가 명확하게 전달되도록 조음 기관을 단련하는 것이 핵심이다.

1단계: 목젖 보이기

거울 앞에서 '아—' 소리를 내며 입을 최대한 벌린다. 목젖이 보일 때까지 벌리는 것이 목표다. 처음에는 잘 보이지 않을 수 있지만, 연습이 쌓이면 입 근육이 조금씩 유연해진다. 마치 다리를 스트레칭하듯 입도 근육이기 때문에 반복할수록 확장된다.

2단계: 혀로 볼 밀기

평소 사용하지 않던 근육을 깨우는 훈련이다. 왼쪽 볼과 오른쪽 볼을 번갈아 밀고, 위아래로도 움직인다. 입 주변 근육이 작동하는 것을 느끼며 하루 세 번, 각 방향으로 열 차례씩 반복한다. 짧은 시간이라도 꾸준히 하면 효과가 뚜렷하다.

3단계: 적정한 목소리로 문장 읽기

운전하면서 간판을 소리 내어 읽는 것도 좋은 훈련이 된다. 길을 걸을 때는 지나가는 간판을 읽고, 집에서는 신문이나 책을 활용한다. 입을 크게 벌리고 각 음절을 또렷하게 발음하는 것이 핵심이다. 하루 30분 정도, 몸과 호흡, 발성을 포함한 워밍업을 지속하면 목소리의 명료도가 크게 높아진다.

4단계: 몸으로 말하기

입만 크게 벌리려 하면 동작이 부자연스러워진다. 팔과 어깨를 펴고 가슴을 활짝 열며 말한다. 신체의 개방성은 자연스럽게 목소리의 개방성으로 이어진다. 스피치 코치들은 작은 목소리로 고민하는 사람에게 양팔을 벌리고 큰 동작으로 말하는 훈련을 권장한다. 몸과 목소리는 연결되어 있기 때문이다.

4

호흡만 바꿔도
달라지는 목소리

"선생님, 저는 말할 때마다 신뢰감이 느껴지지 않는다는 얘기를 들어요. 어떻게 해야 할까요?"

강의 중 쉬는 시간, 한 여성분이 조심스럽게 털어놓은 고민이었다. 그녀의 말에서 금세 원인이 드러났다. 문장을 말할 때마다 호흡이 짧게 끊어졌다. 마치 100미터 달리기를 막 마친 사람처럼 한 문장을 다 끝내기도 전에 여러 번 숨을 몰아쉬고 있었다.

"오늘 아침에… (숨) 지하철을 타고… (숨) 회사에 오는 길에… (숨) 생각했는데…"

이런 방식으로 말하면 듣는 사람은 무의식적으로 불편함을 느낀다.

우리의 뇌는 상대의 호흡 패턴을 통해 그 사람의 상태를 재빨리 읽어내는데, 짧고 불규칙한 호흡은 긴장, 불안, 통제력 부족의 신호로 해석되기 때문이다.

실제로 '호흡 동조 현상Respiratory Synchrony' 연구는 청자가 무의식적으로 화자의 호흡 패턴을 따라 하려는 경향이 있음을 보여준다. 즉, 안정된 호흡을 가진 화자의 말을 들으면 청자도 편안해지고, 불규칙한 호흡을 가진 화자의 말을 들으면 같이 불안해진다.

짧은 호흡이 만들어낸 신뢰감 누수

호흡이 짧은 사람들에게는 공통적인 특징들이 나타난다.

첫째, 말이 뚝뚝 끊겨 집중이 어렵다. 그래서 완성된 하나의 생각이 아니라 조각난 정보처럼 들린다.

둘째, 침 삼키는 소리가 잦다. 짧은 호흡 때문에 입안이 마르고, 이를 보완하기 위해 무의식적으로 침을 삼키게 된다. 상대방은 이 소리를 민감하게 포착한다.

셋째, 목소리에 떨림이 생긴다. 충분한 호흡의 지지가 없으면 성대가 불안정해져 목소리가 흔들리거나 갈라진다.

이 모든 요소가 결합하면, 화자는 의도치 않게 '신뢰할 수 없는' 사람이라는 인상을 주게 된다. 같은 말을 해도 설득력이 약해지고, 전문성마저 의심받을 수 있다.

예전 인기 오디션 프로그램에서 프로듀서 박진영이 남긴 유명한 말이 있다. "공기 반 소리 반." 박진영이 말하고자 했던 핵심은 무엇일까? 바로 '충분한 호흡'의 중요성이다. 노래든 말이든, 숨이 부족하면 소리가 가늘어지고 떨리며, 감정 전달이 제대로 되지 않는다는 것이다.

방송국 아나운서실에서는 신입 아나운서들에게 특별한 훈련을 시킨다. 한 번 숨을 들이마신 후, '가갸거겨…'부터 '…후휴흐히'까지 140개의 음절을 중간에 숨 쉬지 않고 끝까지 발성하는 훈련이다. 처음엔 50개도 힘들지만, 몇 달이 지나면 모두 소화할 수 있게 된다. 이렇게 호흡의 지지를 받으면 목소리에 안정감이 생기고, 문장이 논리적으로 완결되며, 음색은 더욱 풍부해진다.

결국 호흡은 단순한 생리적 행위가 아니라 목소리의 신뢰와 품격을 지탱하는 토대인 셈이다. 짧은 호흡은 단순히 체력 문제가 아니다. 그것은 곧 신뢰감의 누수다. 반대로 안정된 호흡은 목소리에 무게를 더하고, 상대에게 편안함을 전한다. 말의 설득력은 호흡에서 시작된다.

실전 호흡 훈련 가이드

1단계: 호흡 자각하기

스마트폰 녹음으로 자신의 말하기를 확인한다. 호흡이 어디서 끊어지는지, 문장이 어디서 잘리는지 직접 들어보는 것이 출발점이다.

2단계: 한 호흡 읽기 연습하기

신문 기사나 방송 원고 등의 문장을 준비한다. 처음에는 의미 단위로 끊어 읽다가, 한 문장 전체를 한 호흡에 읽도록 훈련하고, 익숙해지면 문장 2개를 한 호흡으로 읽는 연습을 한다.

예:

폐:차 직전의 허름한 차로 고:의 사:고를 일으킨 뒤: 거:액의 보:험금을 챙긴 일당이 경:찰에 붙잡혔습니다. / 주로 도:로 합류지점에서 진:입하는 차량을 노려 일:부러 추돌하는 수법을 썼습니다.

3단계: 호흡량 확장하기

아나운서 훈련처럼 '가갸거겨'부터 '후유흐히'까지 140개 음절을 호흡 한 번으로 최대한 길게 발성한다. 호흡 지지가 늘어나면 성대가 안정되고 음색이 풍부해진다.

아침마다 거울을 보고 '와이키키' 웃음을 지어 얼굴 근육을 푼다. 턱과 입술, 혀의 긴장을 풀어야 호흡과 발성이 자연스럽게 이어진다.

5

소리의 명료함은
모음에서 결정된다

우리는 종종 자신의 발음이 부정확하다고 느낀다. 말이 입에서 잘 풀리지 않거나 문장 중간에 혀가 꼬이는 느낌이 든다. 어떤 사람은 자신의 혀가 남들보다 짧은 게 아닌가 의심하고, 또 어떤 사람은 특정 단어의 발음이 잘되지 않아 그 단어를 발음하기 전에 유난히 긴장한다. 안타깝게도 그 긴장은 입을 더 굳게 만들고, 굳은 입은 다시 소리를 막는다. 말이 어색해지는 건 기술의 부족이 아니라 심리적인 요인에서 오는 경우가 많다.

실제로 말더듬이를 연구한 언어학자들은 대부분 '입의 구조'보다 '호흡과 근육의 긴장'을 원인으로 꼽는다. 말을 시작하기 전부터 몸이 굳어 있고, 그 긴장이 공기의 흐름을 막아버린다는 것이다. 한 연구에서는 말더듬이의 80% 이상이 혀나 치아가 아니라 숨의 타이밍 문제에서 비롯된다고 보고했다.

많은 사람이 발음을 교정하려고 한다. 또박또박 말하려고 힘을 주고, 단어를 세게 내뱉는다. 하지만 그럴수록 입은 더 굳고, 말소리는 더 뭉개진다. 정확한 발음을 내고 싶을수록 오히려 말이 부자연스러워지는 이유는 단순하다. 공기가 막혀 있기 때문이다. 소리가 아니라 숨이 멈춰 있는 것이다.

사람들은 발음이 안 될 때 대개 자음을 의심한다. 하지만 모음이 자음보다 발음에서 훨씬 더 중요하다. 자음은 닫았다가 여는 소리다. 혀, 입술, 치조골 잇몸과 치아 사이의 경계를 순간적으로 붙였다 떼며 공기를 밀어낸다. 반면 모음은 열린 통로로 흐르는 소리다. 명료한 발음은 힘이 아니라 길에서 만들어지기 때문에 정확하게 발음하기 위해서는 모음을 정확하게 내는 게 중요하다.

발음을 정제하는 모음의 힘

우리가 말할 때 사용하는 근육은 얼굴 근육의 절반을 차지한다. 그중 대부분은 모음을 낼 때 작동한다. '이'를 발음할 때는 광대 근육이 위로 당겨지고, '아'를 발음할 때는 턱이 아래로 떨어진다. '오'와 '우'는 입술 주변 근육이 조율하며 소리를 통제한다. 얼굴이 굳은 사람은 대체로 모음이 불분명하고, 반대로 표정이 풍부한 사람은 모음이 또렷하다. 얼굴의 움직임이 클수록 소리는 살아 움직인다. 모음이 불분명한 사람들의 공통점은 입을 거의 움직이지 않는다는 것이다. 입을 가로로 충분히 벌리지 않고 '아'를 발음하면 '으'로 들린다. 마찬가지로 '오'는 '어'에 가까워진다.

"말은 목이 아니라 얼굴로 하는 거예요."

나는 종종 강의에서 이렇게 말한다. 말은 목에서 나오는 게 아니라 얼굴에서 완성된다. 혀와 입술, 광대와 턱이 함께 움직여야 공기가 길을 찾는다.

나라별로 언어의 발음을 들여다보면 자음과 모음의 비중 차이가 보인다. 같은 말을 해도 어떤 언어는 부드럽고, 어떤 언어는 딱딱하게 들린다. 그 차이는 모음의 구조, 즉 공기가 얼마나 열려서 흐르느냐에 달려 있다. 프랑스어가 노래처럼 들리는 이유는 모음 때문이다. 프랑스 사람들은 말할 때 입을 크게 열고 모음을 길게 끌어준다. 그래서 평범한 인사조차 유려한 곡선처럼 들린다. "봉주르bonjour"라는 말에는 두 개의 모음이 넓게 이어지며, 공기의 통로가 막히지 않는다. 듣는 사람은 그 부드러운 흐름에서 안정감을 느낀다. 반대로 독일어나 러시아어는 자음이 강하다. 짧고 단단한 파열음이 연속되면서 공기의 흐름이 자주 끊긴다. 발음은 명확하지만, 소리는 묵직하고 거칠다. "구텐 탁Guten Tag" "스파시바Spasibo" 같은 인사말을 들어보면 시작과 끝이 모두 닫혀 있다.

한국어는 그 중간에 있다. 자음의 구조가 분명하면서도 모음의 여운이 길다. '감사합니다'라는 말을 천천히 발음해 보면 5개의 모음이 서로 다른 방향으로 열리며 공기가 순환한다. 입이 옆으로, 아래로, 앞으로, 그리고 안쪽으로 한 번씩 움직인다. 그 리듬이 한국어 특유한 말맛을 만든다. 한국어는 음절 하나가 자음과 모음의 결합으로 이루어지기 때문에, 모음이 흐릿하면 단어 전체가 흐릿해진다. 자음이 아무리 정확해도 모음이 닫히면 말은 답답하게 들린다.

모음은 공기의 길이다

그렇다면 모음을 정확하게 발음하는 훈련은 어떻게 하면 될까. 우선은 앞에서도 설명한 것처럼 입을 크게 벌리는 훈련을 하면 도움이 된다. 그것만으로도 발음이 상당히 좋아지는 것을 느낄 수 있을 것이다. 그래도 잘 안되는 발음이나 단어가 있다면 이렇게 해보자.

'핵융합로'라는 단어를 예로 들어보자. 이 단어를 발음할 때 혀가 꼬이거나 소리가 뭉개진다면, 우선은 초성과 받침을 모두 제거해 본다.

"애유아오."

입을 크게 벌리면서 몇 번 발음한 후 다음 단계에서는 초성의 자음을 넣어 발음해 본다.

"해유하로."

익숙해지면 마지막으로 받침까지 넣어 발음해 본다.

"핵융합로."

이렇게 하면 처음보다 훨씬 발음하기가 편해진 것을 느낄 수 있다. 이 단순한 과정이 입 안의 공간을 확장하고, 소리를 투명하게 만들기 때문이다. 모음을 통해 공기의 길이 열리면 자음은 저절로 따라온다. 닫힌 자음 사이에서 모음이 길을 만들어 에너지가 생긴 것이다. 말소리의 명료함은 바로 그 열린 길에서 시작된다.

그런데 명료한 발음은 단지 귀에 잘 들리는 소리가 아니다. 사람의 인상은 단어의 뜻보다 발음의 질감에서 만들어진다. 말이 또렷하면 신뢰를 얻고, 흐릿하면 의심을 산다. 연구에 따르면, 발음이 정확한 사람을 더 지적이고 성실하게 평가하는 경향이 뚜렷하다. 우리가 누군가의 말을 듣고 '참 정돈된 사람이네' 혹은 '왠지 불안하게 들리네'라고 느끼는 것은 내용보다 소리의 선명도가 원인인 경우가 많다.

발음이 정확한 사람의 목소리에는 자신감과 단정함이 묻어난다. 거기에서 신뢰가 생기고, 신뢰는 곧 인상으로 남는다. 정확한 발음은 단어를 또렷하게 만들 뿐 아니라 사람의 품격을 또렷하게 만든다.

파라랭귀지 툴킷

모음의 길을 여는 훈련법

1단계: 모음만으로 말하기

발음이 안 되는 단어를 모음으로만 바꿔 발음해 본다. 처음엔 우스꽝스럽지만, 입이 열리고 혀에 유연성이 생긴다.

2단계: 거울 앞에서 훈련하기

거울을 보고 '이, 아, 오, 우'를 발음한다. '이'는 옆으로, '아'는 아래로, '오'는 앞으로, '우'는 안으로. 얼굴 근육의 움직임을 확인하며 입의 개방 정도를 익힌다.

3단계: 호흡을 먼저 내보내기

말을 시작하기 전 숨을 한 번 천천히 내쉰다. 공기가 흐른 뒤에 소리를 얹는다. 자음을 먼저 내는 게 아니라 공기를 먼저 통과시키는 감각을 기억한다.

보이지 않는 말이 관계를 완성한다

6

울림 있는 목소리가 만드는 차이

앞서 살펴본 바와 같이 목소리를 제대로 내기 위해서는 세 가지 요소가 필요하다. 호흡, 발성, 발음. 이 세 가지가 조화롭게 어우러질 때 비로소 자신만의 온전한 목소리가 완성된다. 호흡은 소리의 에너지이고, 발음은 그 소리를 정확한 형태로 빚는 과정이다. 그리고 그 사이에 있는 발성은 숨을 진동으로 바꾸어 우리의 몸을 '악기'로 만드는 기술이다.

그런데 이 세 가지 중에서도 발성에는 유독 중요한 요소가 있다. 바로 울림이다. 어떤 목소리는 크지 않은데도 멀리 퍼진다. 힘을 주지 않고 말하는데 공간이 가득 차고 말이 끝난 뒤에도 소리가 공기 속에 여운을 남긴다. 이것이 바로 울림의 힘이다.

신뢰를 만드는 발성의 힘

울림은 물리적으로는 공명共鳴이다. 공명은 소리가 몸과 공간을 통해 퍼질 때 생기는 파동의 겹침이다. 그런데 이 단순한 물리 현상이 사람의 인상과 감정에 직접적인 영향을 준다는 사실이 흥미롭다. 이와 관련해 울림이 사람의 신뢰뿐 아니라 경제적 가치에도 영향을 미친다는 사실을 보여주는 재미난 연구 결과가 있다. 미국 듀크대 경영대학원의 연구팀은 미국 상장기업 CEO 792명의 음성을 분석했다. 그 결과, 낮고 공명감 있는 목소리를 가진 CEO는 그렇지 않은 CEO에 비해 연봉이 평균 18만 7,000달러나 더 높았고, 이들이 이끄는 회사의 시가총액 또한 평균 4억 4,000만 달러나 더 컸다(Mayew & Venkatachalam, 2013, Duke University). 연구팀은 낮은 음성은 리더십, 자신감, 신뢰감의 신호로 인식되며, 이는 투자자와 이사회가 인물의 역량을 평가하는 과정에 영향을 준다고 설명했다. 놀랍지 않은가. 결국 울림이 좋은 목소리는 단순히 듣기 좋은 소리가 아니라 리더십의 상징으로 작용한다는 이야기다. 말의 울림이 곧 존재의 무게로 번역되는 셈이다.

우리는 회의실에서 비슷한 경험을 한다. 목소리를 높이지 않아도 주목받는 사람이 있다. 발표 내용보다 먼저 귀에 들어오는 건 그 사람의 소리의 결이다. 울림이 있는 사람의 목소리는 사람들을 집중시킨다. 반대로 소리가 얇고 메마른 사람은 아무리 좋은 말을 해도 신뢰를 얻기 어렵다. 듣는 이는 그 차이를 정확히 감지한다. 목소리의 울림이 곧 심리적 안정의 신호이기 때문이다.

한번은 대기업 리더십 워크숍에서 이런 장면을 본 적이 있다. 임원 한 명이 팀원들 앞에서 짧은 스피치를 했다. 그는 내용을 완벽히 외워 왔지만 목소리가 지나치게 얇고 건조했다. 듣는 사람들의 표정은 빠르게 굳어갔다. 그가 발표를 마친 뒤 마이크를 잡은 또 다른 임원은 대본도 없이 이야기했지만, 그의 목소리는 잔잔하면서도 깊게 퍼졌다. 소리의 끝이 부드럽게 맺히자 회의실의 공기도 달라졌다. 사람들은 눈을 들고 고개를 끄덕였다. 두 사람의 차이는 단 한 가지, 바로 울림이었다. 말의 내용이 아니라 소리가 만든 신뢰감의 차이였다. 설득이란 결국 정보의 싸움이 아니라 감정의 균형이다. 울림이 있는 목소리는 그 균형을 지탱한다.

일상적인 감정 표현에서도 울림은 중요한 역할을 한다. 같은 문장이라도 울림이 있는 목소리는 감정의 결이 훨씬 풍부하게 전달된다. 슬픔은 낮고 부드러운 공명으로, 기쁨은 밝고 가벼운 진동으로 전해진다.

배우 이병헌의 목소리가 그 대표적인 예다. 그는 대사를 소리치지 않는다. 낮은 톤으로 힘을 덜어내지만, 장면에 쉽게 압도된다. 대사의 끝마다 남는 공명, 짧은 침묵 속의 잔향. 그것이 감정을 대신한다. 실제로 청각심리학 연구에서도 울림이 풍부한 소리는 뇌의 편도체 감정 반응 영역을 더 강하게 자극한다고 한다. 울림은 단순히 '소리의 질'이 아니라 감정 전달의 매개체인 셈이다.

울림은 훈련으로 만들어진다

울림이 풍부한 사람은 단순히 발성이 좋은 게 아니다. 몸이 열려 있다. 가슴과 어깨가 닫히면 소리는 목에서만 맴돌고 쉽게 막히지만, 호흡이 깊고 몸이 이완되어 있으면 공명 공간이 넓어져 소리가 온몸을 통과한다. 반대로 긴장하거나 두려울 때는 어깨와 목 주변 근육이 수축하며 울림이 사라진다. 그래서 울림은 기술이 아니라 신체와 감정의 상태를 반영하는 거울이다.

실제 카네기멜런대의 커뮤니케이션 실험에서는 같은 내용을 말해도 긴장한 상태에서의 목소리는 평균 20% 이상 높은 피치를 보였고, 신뢰도는 30% 낮게 평가됐다. 즉, 불안은 소리의 깊이를 빼앗고, 듣는 이는 그 변화를 무의식적으로 감지한다.

울림은 건강과도 밀접한 관련을 갖는다. 각종 연구에 따르면 의학적으로 울림이 풍부한 사람은 성대에 가해지는 불필요한 압력이 적고 발성 피로도도 낮다고 한다. 그래서 목이 쉽게 쉬지 않고, 호흡이 깊어 스트레스 호르몬인 코르티솔 수치가 낮게 유지된다는 것이다. 결국 울림 있는 발성은 단지 목소리의 문제가 아니라 신체적 밸런스의 척도이기도 하다.

자신에게 안 맞는 목소리를 내며 성대를 진동시키면 목에 무리가 가기 쉽다. 가수나 교사, 아나운서와 같이 목소리를 많이 내는 사람들에게 성대결절과 같은 질병이 많은 이유가 여기에 있다. 성대 근육이 과도하게 긴장된 상태에서 소리를 내거나, 성도 중 일부분만을 사용해 목소리를 내면 폴립이나 결절 같은 성대 질환이 쉽게 생길 수 있다.

반대로 울림을 제대로 활용하면 성대를 보호하면서도 힘 있는 목소리를 낼 수 있다. 운동과 비슷하다. 오래달리기를 할 때 기초 체력이 좋은 사람이 잘 달리듯 기초 훈련이 되어 있으면 급박한 상황에서도 안정적인 목소리가 자연스럽게 나온다. 신경 쓰고 할 때만 괜찮은 것이 아니라 언제나 편하게 좋은 목소리가 나오는 것이다.

그렇다면 어떻게 울림 있는 목소리를 만들 수 있을까? 기본은 호흡이다. 배로 하는 복식 호흡은 심폐 기능과 혈액의 흐름을 원활하게 할 뿐 아니라 좋은 발성과 발음을 하는 데도 큰 도움을 준다. 배 깊은 곳에서 소리의 근원을 끌어올린다는 느낌과 자세로 발성과 발음에 임할 때, 우리 음성이 훨씬 맑고 크고 울림이 있게 된다.

소리가 입 밖으로 나오기 위해서는 성도를 통해 후두의 진동이 공명하는 과정을 거치게 된다. 충분히 공명이 일어나면 일어날수록 좋은 목소리가 나온다. 이를 위해 평소 입술을 다문 채 '음~' '흠~' 등 공명음을 반복하는 습관을 들이는 것이 좋다. 가볍게 앞니를 붙이고 코가 찡하게 울리도록 '잉' 소리를 내면서 입을 최대한 크게 벌린 후 혀를 가볍게 내려 '아' 소리로 이어 나가는 방법도 있다. 이런 연습을 꾸준히 하면 자신만의 안정된 톤이 만들어지고, 자기도 편하고 듣는 사람도 편한 목소리를 갖게 된다.

목소리가 얇고 탁하다고 해서 실망할 필요는 없다. 울림은 타고나는 재능이 아니다. 발성 기관은 근육으로 이루어져 있다. 근육은 반복 훈련을 통해 기억된다. 울림 있는 목소리는 연습으로 충분히 만들 수 있다. 올바른 호흡과 발성 연습을 통해 누구나 자신만의 울림을 찾아낼 수 있다.

지금부터라도 자신의 목소리를 관찰해보자. 내 목소리는 얼마나 울리고 있는가, 내가 하는 말이 상대방의 귓가에 얼마나 오래 남는가. 오늘부터 복식 호흡을 연습하고, 공명음을 내보자. 목소리에 울림이 더해질 때 상대에게 전해지는 말의 무게가 달라질 것이다.

파라랭귀지 툴킷

울림 있는 목소리를 만드는 훈련법

1단계: 복식 호흡하기

공기가 목이 아닌 가슴과 등 뒤까지 차오르는 느낌을 만든다. 숨이 아래로 가라앉을수록 울림의 통로가 열린다.

2단계: 얼굴 안에서 울림 찾기

입을 가볍게 다문 채 '음~' 소리를 낸다. 코와 입천장, 이마 어디에서 진동이 느껴지는지 관찰한다. 그 지점을 공명의 중심으로 삼는다.

3단계: 끝까지 밀어내며 읽기

신문이나 책을 하루 10분 소리 내어 읽는다. 문장의 끝까지 호흡을 밀어내며 발성한다. 울림은 끝음을 버티는 힘에서 만들어진다.

4단계: 목이 아닌 몸으로 울리기

어깨나 턱이 들리지 않게 한 자세에서 가슴이 먼저 울리게 한다. 소리가 목에서만 울리면 성대가 금세 피로해진다.

보이지 않는 말이 관계를 완성한다

7

왜 어떤 사람은 목소리만 들어도
신뢰가 갈까?

어떤 사람은 한마디 인사만으로도 마음을 놓이게 한다. "안녕하세요." 이 짧은 인사 속에 따스함이 묻어나고, 듣는 순간 긴장이 풀린다. 반면 똑같은 인사를 건네는데도 왠지 차갑게 느껴지는 사람이 있다. 같은 단어, 같은 음절인데 왜 이렇게 다르게 들릴까. 그 차이를 만드는 것은 바로 목소리의 '톤'이다.

톤은 목소리의 질감, 즉 '소리의 결'이다. 그것은 우리가 상대방에게 어떤 감정의 온도로 다가가는지를 결정짓는 첫 번째 신호이기도 하다. 파라랭귀지의 여러 요소, 즉 속도, 억양, 목소리의 크기, 침묵 등이 음악을 완성한다면, 톤은 그 모든 것의 출발점인 '첫 음'이자 분위기를 정하는 서두다.

사람은 본능적으로 톤에 반응한다. 높고 날카로운 톤에는 경계심을, 낮고 부드러운 톤에는 안정감을 느낀다. "잘했어."를 따뜻한 톤으로 말하면 위로가 되고, 차가운 톤으로 말하면 비난으로 들린다. 그래서 목소리의 크기보다 중요한 건 톤이다. 볼륨이 상황을 지배한다면, 톤은 마음을 지배한다.

목소리는 악기, 톤은 연주

목소리를 악기에 비유하자면, 우리 각자는 타고난 악기를 갖고 있다. 어떤 사람은 바이올린처럼 높고 날카로운 소리를 내고, 어떤 사람은 첼로처럼 낮고 깊은 울림을 낸다. 하지만 진짜 차이는 악기 그 자체가 아니라, 악기를 어떻게 연주하느냐에 달려 있다. 같은 바이올린이라도 연주자에 따라 부드럽고 따뜻하게, 혹은 날카롭고 공격적으로 연주할 수 있다.

목소리의 톤도 마찬가지다. '어떤 소리로 말하느냐'는 결국 '어떤 사람으로 들릴 것이냐'의 문제다. 나의 진심이 신뢰로 전해질지, 혹은 오만으로 오해받을지는 톤의 질감이 결정한다.

사람들을 설득하고 신뢰를 얻는 정치인의 연설에는 공통점이 있다. 낮고 안정된 톤이 그것이다. 그들의 말에는 억지가 없고, 쉼과 침묵이 적절히 섞여 있다. 이런 목소리는 청중에게 '이 사람의 말은 믿을 만하다'는 무의식적 신호를 남긴다. 그들의 언어는 강하지 않지만 오래 남는다.

글에 폰트가 있듯 목소리에도 폰트가 있다. 명조체는 권위를, 고딕체는 명료함을, 손글씨체는 따스함을 전한다. 같은 글자라도 폰트가 바뀌면 분위기가 완전히 달라지듯, 같은 말이라도 톤이 달라지면 감정의 결이 달라진다. "괜찮아요."를 명조체처럼 단정히 읽으면 공적인 위로가 되고, 손글씨체처럼 부드럽게 읽으면 마음을 어루만지는 위로가 된다. 고딕체로 강하게 읽으면 단호함이 느껴지고, 궁서체처럼 낮게 읽으면 절제된 진심이 느껴진다.

결국 톤은 목소리의 폰트다. 상황에 따라 폰트를 바꾸듯, 톤도 맥락에 맞게 조율할 줄 알아야 한다.

신뢰의 첫인상은 톤이 좌우한다

첫인상을 결정하는 것은 말의 내용이 아니라 말의 질감이다. 우리는 낯선 사람과 처음 대화를 나눌 때, 먼저 말소리의 온도를 듣는다. 말소리가 너무 높으면 불안하고, 너무 낮으면 무기력해 보인다. 반면 중저음의 부드러운 톤은 안정감과 신뢰를 동시에 준다.

음성학 연구에 따르면 사람들은 낮은 톤의 목소리를 가진 사람을 더 유능하고 신뢰할 만한 인물로 평가하는 경향이 있다. 미국 듀크대와 유니버시티칼리지런던UCL의 공동 연구(2012)는 남녀 정치인의 음성 데이터를 분석한 결과, 톤이 낮을수록 투표율이 높게 나타났다는 흥미로운 결과를 제시했다. 목소리 톤은 단순한 취향이 아니라 권위와 신뢰의 신호인 셈이다.

이런 듀크대 연구는 낮은 톤이 신뢰를 높일 수 있다는 가능성을 보여주었지만, 그 결과가 '낮은 톤이 언제나 옳다'는 뜻은 아니다. 오히려 중요한 것은 상황에 따라 톤을 조율하는 능력이다. 높은 톤이 에너지와 긍정성을 전할 때가 있고, 낮은 톤이 안정감과 신뢰를 전할 때가 있다. 진짜 설득력은 높낮이에 있지 않고 '결'에 있다. 말의 결이 자연스럽고 진심이 담겨 있다면, 그 소리는 어떤 높이에서도 사람의 마음을 움직인다.

배우 최불암은 그 결을 가장 잘 보여준다. 그의 내레이션에는 단어보다 먼저 다가오는 따뜻한 온도가 있다. 말의 높낮이보다 일정한 리듬과 부드러운 결이 사람들의 마음을 편안하게 한다. 그는 화려한 언변 대신 낮고 단단한 톤으로 오랜 시간 시청자들의 신뢰를 얻었다. 그래서 그의 목소리는 유독 감정의 기억으로 남는다. 그의 목소리를 떠올리면 화면에 밥 짓는 연기가 피어오르고, 오래된 마을 길의 정적이 함께 들려온다. KBS 다큐멘터리 〈한국인의 밥상〉에서 그는 음식을 설명하기보다 사람을 이야기했고, 요리를 해설하기보다 삶의 온도를 전했다. "오늘도 밥 한 그릇의 마음으로…"로 시작하는 그의 내레이션은 단어 하나하나에 따뜻한 숨이 실려 있었다. 빠르지도 느리지도 않은 중간 속도, 일정하게 유지되는 낮은 피치, 말끝마다 남는 여운이 그 특유의 '인간적 리듬'을 만든다. 청중은 그의 톤에서 '말을 잘하는 사람'이 아니라 '사람을 아는 사람'을 듣는다. 그래서 그의 목소리는 시대를 넘어 여전히 따뜻하게 남아 있다.

생각해보면 우리 주변에도 그런 목소리들이 있다. 낮고 차분한 톤으로 팀의 분위기를 안정시키는 상사, 따뜻한 음색으로 환자를 안심시키는 간호사, 수업 시간마다 학생들의 시선을 부드럽게 모으는 교사. 누군가는 또렷하고 경쾌한 톤으로 에너지를 전하고, 누군가는 느리고 낮은 톤으로 신뢰를 쌓는다. 각자의 톤은 다르지만 공통점이 있다. 그들의 목소리에는 성급함 대신 온기, 지시 대신 배려, 강조 대신 리듬이 흐른다.

결국 좋은 톤이란 낮거나 높음의 문제가 아니라 상대의 마음에 맞춰 울리는 공명의 문제다. 목소리는 다르지만 마음의 결은 하나다. 따뜻한 톤은 단지 듣기 좋은 소리가 아니라, 함께 있고 싶게 만드는 에너지다.

8

문장의 끝이 남기는 인상

사람들은 대개 말의 시작에 집중한다. 어떻게 말문을 열까, 첫마디를 어떻게 시작할까 고민한다. 하지만 정작 인상을 결정하는 건 말의 시작이 아니라 끝이다. 아무리 좋은 내용을 유창하게 말해도 문장의 마지막 한 음절, 그 끝음을 어떻게 처리하느냐에 따라 상대가 받는 느낌은 완전히 달라진다.

누군가의 한 문장을 듣고 난 뒤에도 이상하게 그 목소리가 마음속에 머무는 이유, 그것은 마지막 음절의 결이 우리의 감정선을 따라 남기 때문이다. 말의 내용은 기억에서 흐려져도, 말끝의 리듬은 잔향처럼 남는다. 그 짧은 호흡 속에 사람의 태도와 마음의 온도가 스며 있기 때문이다.

그래서 진정한 말의 품격은 '마지막 한 음'에서 완성된다. 그 짧은 호흡 속에 성숙한 사람의 태도와 마음의 방향이 스며 있기 때문이다. 끝음은 단순히 문장을 마무리하는 마침표가 아니다. 그것은 사람 사이의 거리를 결정하는 관계의 온도계이자, 신뢰와 친근함을 조율하는 감정의 스위치다.

끝음을 올리면 마음이 열린다

"제가 한번 확인해볼게요."

협조와 약속을 나타내는 이 문장을 생각해보자. 이 말의 끝음을 부드럽게 끌어올려서 "게요╱"라고 말하는 순간, 이 말은 단순한 사실 통보가 아니라 함께 해결하겠다는 신호로 받아들여진다. '아, 이 사람이 나를 돕고 싶어 하는구나'라는 기분이 들면서 혹시 궁금한 게 더 있으면 물어봐도 되겠다는 용기를 얻는다. 상대는 안심하고 한 발 더 다가가게 된다. 부드럽게 올라간 끝음이 다음 문장을 초대한다. 드라마로 치면 열린 결말이다. 사람들은 상승형 억양에서 환대와 협조를 포착한다. 처음 만난 이에게 "반갑습니다╱"라고 인사할 때, 회의에서 "좋은 의견이

     보이지 않는 말이 관계를 완성한다

네요↗"라고 답할 때, 그 짧은 상승은 '당신의 말에 귀 기울이고 있다'는 적극적 청취의 표시다. 일종의 개방형 억양**open intonation**이다. 청자의 참여를 유도하고, 말 뒤에 대화의 공간을 남겨두는 억양이다. 전화 상담원들이 "감사합니다↗" "잠시만 기다려주세요↗"처럼 끝음을 올려 말하는 것도 이 때문이다. 말의 끝이 올라가면 상대는 무의식적으로 대화가 아직 이어질 것이라 기대한다.

다만 억양이 과하게 높아지면 가벼움이나 불안을 불러올 수 있다는 점을 기억해야 한다. 특히 중요한 발표나 보고 상황에서 모든 문장의 끝을 올리면 확신이 없어 보이거나 질문하는 것처럼 들린다. 말끝이 가벼워지면, 아무리 깊은 내용도 설득력을 잃기 때문이다. "매출이 증가했습니다↗" "이 전략이 효과적입니다↗" 이렇게 끝음을 올리면 상대는 혼란스러울 수밖에 없다. '확신하는 건가, 물어보는 건가?' 끝음 올림은 친근함이 필요한 순간에만 전략적으로 사용하는 게 좋다.

중요한 것은 톤의 높이가 아니라 리듬의 결이다. 한 톤만 아주 부드럽게 올려주되 표정과 호흡을 안정적으로 유지한다. 속도는 반 박자 늦춘다. 그러면 올림은 들뜨지 않고 환대로 들린다.

끝음을 올리는 것은 대화를 열고, 상대의 참여를 허락한다. 그래서 올림은 상대의 시간을 존중하는 방식이기도 하다. 나의 말은 끝났지만, 이제 당신의 말이 시작될 수 있다고 말하는 태도. 그 열린 태도가 관계의 공기를 바꾼다.

끝음을 내리면 신뢰가 생긴다

"제가 한번 확인해볼게요↘"

같은 문장인데 '게요'를 낮고 짧게 끊으면 느낌이 완전히 달라진다. 단호하다. 상황에서 따라서는 확신이 느껴질 수도 있다. '이 사람이 책임지고 처리하겠구나'라고 받아들일 수도 있다. 하지만 처음 만나는 사람이거나 민감한 감정이 섞인 대화였다면 끝음의 하강은 대화의 문을 닫고 만다. 상대는 더 이상 질문을 하기가 어렵다. 말의 끝을 내리는 것은 종결의 신호로 인식된다.

그렇다고 해서 끝음을 내리는 것이 무조건 차갑거나 단절적이라는 뜻은 아니다. 하강형 억양은 책임의 언어다. "그렇게 하겠습니다↘" "제가 맡겠습니다＼"처럼 낮고 단단하게 내려앉는 말끝에는 결심이 실려 있다. 중요한 결정의 순간, 방향을 정리해야 하는 회의, 고객과의 약속을 확정하는 자리에서 하강은 청자의 불안을 가라앉히고, 앞으로의 단계를 상상할 수 있게 만든다.

또한 하강형 억양은 전문성과 책임감을 드러낸다. 의사가 진단 결과를 말할 때, 변호사가 법률 자문을 할 때, 팀장이 업무 지시를 할 때. 이런 상황에서 끝음을 올리면 신뢰가 무너질 수도 있다.

"이 약을 드시면 나아질 겁니다＼"
"이 계약서는 문제가 있습니다＼"
이 문장들은 상대에게 각각 신뢰와 확신을 준다.

끝음을 내리는 건 단호함의 표현이다. 하지만 단호함이 곧 무례함은 아니다. 좋은 하강은 급하지 않다. 마지막 음절이 바닥에 '툭' 떨어지지 않도록 호흡을 길게 유지하고, 어미의 자음을 살짝 부드럽게 풀어준다. 그러면 단호함이 단절로 오해되지 않는다. 문장 사이에는 반드시 짧은 여백을 둔다. "이 안으로 진행하겠습니다. 오늘 오후에 세부 일정을 공유하겠습니다."처럼 내림 뒤에 이어지는 문장을 낮고 따뜻하게 열어 주면, 단단함과 온기가 동시에 남는다. 하강은 약속을 닫되 관계를 닫지 않는다. 신뢰는 바로 그 미세한 균형에서 태어난다.

특히 리더의 언어에서 끝음 내림은 중요하다.

"이번 프로젝트는 이렇게 진행하겠습니다."

"여러분을 믿습니다."

"함께 해냅시다."

문장의 끝이 명확할 때 팀원들은 리더의 방향을 신뢰하고 따라온다. 끝음이 흐릿하면 리더십도 흐릿해진다. 반대로 끝음을 지나치게 내리고 짧게 끊으면 권위적이고 차갑게 들릴 수 있다.

"그렇게 하세요."

이 한 문장도 끝음을 어떻게 처리하느냐에 따라 조언이 되기도 하고 명령이 되기도 하고 때로 실망으로 들리기도 한다. 너무 낮고 짧게 끊으면 상대는 위축된다. 적당히 내리되 여운을 남기는 것. 그것이 균형이다.

하강 억양은 관계의 질서를 세우고, 대화의 중심을 잡는다. 그것이 말의 품격을 결정짓는 또 하나의 축이다. 상승 억양이 사람을 초대한다면, 하강 억양은 그 신뢰 위에 자리를 만들어준다. 열린 마음 위에 단단한 책임을 세울 때, 대화는 비로소 완성된다.

끝음을 흐리면 존재가 흐려진다

끝음을 올리거나 내리는 것보다 더 중요한 것은 끝음을 확실하게 맺는 것이다. 우리가 가장 흔하게 하는 실수가 바로 말끝 흐리기다.

"그게… 뭐랄까…이 정도면, 괜찮을 거 같기도….”

이런 어미는 조심스러운 듯 보이지만 실제로는 판단을 회피하는 신호로 읽히기 쉽다. 발표에서는 메시지의 중심이 흐려지고, 협상에서는 주도권을 잃는다. 흐림은 불확실성의 안개다.

듣는 사람은 내용보다 먼저 화자의 태도를 듣는다. 그래서 파라랭귀지 훈련의 첫 단계가 '평서형 완결'이나. 문장은 반드시 '다'로 완결한다.

"이번 분기 매출은 예상보다 낮았습니다." "그래서 지금은 A안을 채택하는 것이 합리적입니다."와 같이 단정적으로 말해도 억양과 표정이 부드러우면 냉정으로 들리지 않는다.

망설임과 흐림은 다르다. 망설임은 생각의 깊이에서 나오지만, 흐림은 책임의 회피에서 나온다. 생각할 시간이 필요하다면 그대로 말하면 된다. "지금은 판단을 유보하겠습니다. 내일까지 검토하고 말씀드리겠습니다." 명확한 유보는 신뢰를 깎지 않는다. 모호한 흐림만이 신뢰를 깎는다.

올라가면 함께 걸을 여지가 열리고, 내려가면 말을 책임이 세워지지만 흐리면 말 자체가 사라진다. 마지막 한 음을 어떻게 다루는가에 그 사람의 인격이 묻어난다. 그러니 오늘 하루, 말의 끝을 의식해보자. 열린 마음으로 올리고, 단단한 책임으로 내리고, 애매한 흐림은 버린다. 그 작은 결이 대화의 온도를 바꾸고, 당신의 말에 품격을 남긴다.

파라랭귀지 툴킷

말끝의 리듬을 다듬는 훈련법

1단계: 끝음의 억양 구분하기

같은 문장을 상승↗, 하강↘으로 각각 녹음한다. 청자로서 어떤 감정이 드는지 메모한다.

2단계: 상승의 과잉 방지하기

상승 억양은 반가움과 협조를 부르지만 과하면 불안해 보인다. 마지막 음절의 상승 폭을 '한 톤 이내'로 제한하고, 문장 중간의 감탄사를 줄인다.

3단계: '다'로 닫는 습관 들이기

회의 메모나 메일 초안을 소리 내어 읽고 모든 문장을 '다'로 닫는다. 끝을 닫되, 속도를 반 박자 늦추고 표정을 부드럽게 유지한다.

4단계: 호흡의 여백 남기기

하강형 억양일 때는 말 뒤에 1초의 쉼을 두어 공기를 완만하게 가라앉힌다.

말이 공기를 건너 마음에 닿을 때,
그건 단어가 아니라 리듬이다.
빠름과 느림 사이, 온기와 냉기 사이.
그 미묘한 진동 속에서 서로를 이해한다.

소통은 언어가 아니라 파장이다

1

말을 넘어선 감정의 진동

소통이란 무엇일까? 말을 주고받는 것만으로 소통이라고 할 수 있을까? 정말 그것만으로 충분할까?

누군가와 오랜 시간 이야기를 나눴는데, 대화가 끝난 뒤 이상하게 허전할 때가 있다. 주고받은 말은 분명 많았는데 무언가 채워지지 않은 듯한 공허함. 논리적으로는 다 맞았는데 서로의 마음은 엇갈린 채 끝난 회의, 정작 가장 가까운 사람과는 자꾸만 어긋나는 대화들. 그런 순간마다 묻지 않을 수 없다. 소통이 왜 이렇게 어려울까?

우리가 말을 나누는 이유는 단순히 정보나 의견을 교환하기 위해서만은 아니다. 타인에게 닿고 싶어서다. 그러기 위해서는 정보나 의견을 넘어 감정을 나누어야 한다. 누군가의 기쁨을 함께 웃으며 느낄 때, 그의 슬픔 앞에서 함께 잠시 멈출 때, 단순한 대화 상대를 넘어 서로에게 의미 있는 존재가 된다. 유대감은 그렇게 조용히 단단해지고, 신뢰는 차곡차곡 쌓인다.

말이 대화라면, 소통은 이해다. 상대의 고개 끄덕임이나 "그렇군요." 라는 반응이 소통의 증거는 아니다. 진짜 소통은 그 말 뒤에 숨은 감정의 결을 읽어내는 일, 왜 그런 말을 했는지를 이해하려는 마음의 작용이다. 사회적 존재인 인간에게 소통은 관계를 엮어가는 가장 본질적인 도구다. 일상에서 우리가 나누는 대화는 쉽게 표면을 맴돈다. 하지만 깊이 있는 소통은 서로의 생각과 감정을 진심으로 나눌 때 비로소 가능해진다. 그 과정에서 상대와의 관계를 한층 더 깊은 곳으로 이끌어갈 수 있다.

그러나 우리가 다 알고 있듯이 감정을 나누는 일은 결코 쉽지 않다. 실제로 취업포털 사이트 잡코리아가 실시한 조사에 따르면, 직장인의 79.1%가 직장 내에서 외계인과 대화하는 듯한 소통 장애를 경험한 적이 있다고 답했다. 그 이유로 응답자의 절반이 넘는 55%가 '상대방이 내 말은 듣지 않고 자기 말만 한다'는 점을 꼽았다. 또한 42.1%는 이러한 소통

단절이 근로 의욕을 꺾는다고 응답했으며, 20.9%는 인간관계 스트레스로 힘들다고 털어놓았다. 비슷한 다른 조사에서는 직장인들이 이직을 결심하는 이유로 연봉 불만족(43.1%) 다음으로 동료 간 불화(35.4%)가 높게 나타났다. 이런 조사 결과는 우리의 일상을 지배하는 소통 문제가 단순히 말을 주고받는 것만으로는 해결되지 않는다는 점을 보여준다.

소통은 감정의 파장을 듣는 일

인간에게는 7가지 보편적 감정, 즉 기쁨, 분노, 슬픔, 두려움, 사랑, 미움, 욕망이 있다. 이 감정들은 우리의 성격과 대인 관계에 깊은 영향을 미친다. 자신의 감정을 인식하고 그것을 표현할 줄 아는 것이 소통의 시작이며, 그보다 더 중요한 것은 상대의 감정을 읽어내는 일이다.

그러나 대부분의 경우 일곱 가지 감정은 얼굴에 선명하게 드러나지 않는다. 한번 거울 앞에 서서 일곱 가지 표정을 지어보면 금방 알 수 있다. 7가지 감정 중 분명 익숙하지 않거나 잘 지어지지 않는 표정이 있을 것이다.

   보이지 않는 말이 관계를 완성한다

어떤 사람은 분노를 표현한다고 한껏 표정을 지었는데 두려움처럼 보이고, 어떤 사람은 기쁜 표정을 지었는데 묘하게 슬퍼 보이기도 한다. 그 감정이 표정에 드러나지 않는다는 것은 곧, 그 감정을 상대가 읽지 못한다는 뜻이다.

오랫동안 우리 사회는 남성들에게 눈물은 허용하지 않았다. 남자는 태어나서 세 번만 울어야 한다는 말이 있을 정도였다. 그 결과 많은 남성이 슬픔의 표정을 제대로 짓지 못하게 되었다. 연인과 다툰 순간을 떠올려 보자. 화도 나지만 동시에 슬픔이 밀려온다. 그런데 그 슬픔이 얼굴에 드러나지 않으면, 상대는 당신이 화만 내고 있다고 오해한다. 만약 당신의 슬픔이 읽혔다면 상대의 마음이 누그러졌겠지만, 슬픔이 드러나지 않아 상대는 당신이 화가 난 것으로 오해하고, 그 오해는 싸움을 더 깊은 수렁으로 끌고 간다.

얼굴 표정은 단순히 감정을 표현하는 도구가 아니라 사회적 신호로도 기능하기 때문에 해독이 더 어렵다. 미소를 짓는다고 해서 꼭 행복한 것만은 아니다. 원만한 관계를 유지하기 위해 행복하지 않을 때도 거짓으로 웃는다. 누군가를 노려볼 때도 마찬가지다. 이것은 화가 났다는 감정 표현일 수도 있지만, 상대방에게 사과받고 싶다는 사회적 신호일 수도 있다.

이런 애매함과 모호함의 벽을 넘어 상대에게 닿아야 한다. 소통의 본질은 감정을 주고받는 일이다. 말을 잘하는 사람이 아니라, 마음을 잘 전하는 사람이 결국 관계를 이끈다. 그러기 위해서는 내 감정을 정확히 인식하고, 타인의 감정을 섬세하게 읽을 수 있어야 한다. 이때 파라랭귀지는 단순한 화법의 기술이 아니라 감정의 언어를 회복하는 도구가 된다. 상대의 눈썹이 미세하게 올라갈 때 그 안의 불안을 감지하고, 목소리의 끝이 낮아질 때 마음의 무게를 알아채는 감각. 그것이 파라랭귀지의 힘이다.

말은 공기를 타고 흘러가지만, 파장은 마음을 울린다. 그리고 그 파장은 결국 내면에서 비롯된다. 우리가 파라랭귀지를 배우는 이유는 단순히 말하기를 잘하기 위해서가 아니다. 더 나은 나로서, 더 따뜻한 사람으로서 세상과 연결되기 위해서다. 말의 결을 다듬는 일은 곧 마음의 결을 다듬는 일이다. 그 결이 맑을수록 우리의 소통은 더 투명한 파장이 된다.

　　　　　　　　　　　　　보이지 않는 말이 관계를 완성한다

2

혹시 당신은 말 폭격기?

가끔 이런 대화를 경험한 적이 있을 것이다. 상대가 숨도 쉬지 않고 말을 이어가고, 나는 그저 고개만 끄덕이며 끼어들 틈을 찾지 못한 채 앉아 있는 순간 말이다. 처음에는 상대가 성실하고 열정적인 사람이라 생각되지만, 대화가 길어질수록 피로가 쌓인다. 그리고 이야기가 끝났을 때는 이상하게도 아무 말도 머릿속에 남지 않는다. 듣기는 했지만 공감한 기억이 없기 때문이다.

말이 많고 빠른 사람들과의 대화는 묘한 공허함과 함께 피로감을 남긴다. 그들의 말이 틀려서가 아니다. 때론 논리도 명확하고, 표현도 풍부하다. 그런데도 그들의 말에서 진심이나 여유를 느끼지 못한다. 마치 쏟아지는 빗속에서 대화를 나누는 듯 듣는 사람의 마음은 점점 지쳐 버린다. 듣는 이는 점점 말을 아끼게 되고, 결국 대화는 연설이 되고 만다. 그리고 이런 생각을 하게 된다.

‘굳이 이 사람을 만나야 할 이유가 있을까?’

나만 신나는 대화 괜찮을까?

빠른 말이 가지는 문제의 본질은 정보의 과잉이 아니라 공명의 결핍이다. 한 문장이 끝나기도 전에 다음 문장을 밀어 넣는 사람들은 언제나 머릿속이 바쁘다. 상대가 대화할 때도 다음에 무슨 말을 할지를 생각하느라 상대의 말을 건성으로 듣는다. 이런 대화에서 공명이 이뤄지긴 어렵다. 대화는 생각이 아니라 감정으로 이어진다. 감정이 결여된 대화는 결코 오래가지 못한다.

심리학자 폴 에크만Paul Ekman은 감정을 읽는 데 있어서 ‘지연된 반응’이 얼마나 중요한지를 강조했다. 상대의 말이 끝난 뒤 머무는 잠깐, 그 순간에 감정을 해석하고 공감할 수 있다. 그러나 말이 빠른 사람은 그 여백을 스스로 제거한다. 감정이 숨 쉴 틈이 사라지면 진심은 전달되지 않는다. 말은 이어지지만 마음은 끊어진다.

그렇다면 왜 이렇게 서두를까. 많은 경우 속도는 불안의 또 다른 얼굴이다. 빨리 말하지 않으면 잊힐 것 같고, 틈을 주면 틀릴 것 같고, 말을 멈추면 약해 보일 것 같다. 그러나 실제로는 그 반대다. 천천히 말하는 사람일수록 신뢰받는다. 속도가 아니라 안정감이 설득력을 만들기 때문이다.

말이 빠른 사람들의 또 다른 특징은 '쉬지 않는 흐름'이다. 실제 속도보다 더 빠르게 느껴지는 이유는 문장과 문장 사이에 쉼이 없기 때문이다. 온점 뒤의 1초, 숨을 들이마시는 그 짧은 여백이 사라진 것이다. 그 1초는 관계의 리듬을 맞추는 호흡이자 상대의 감정을 받아들이는 문이다.

속도는 재능이 아니다. 태도다. 말을 빠르게 이어가는 사람은 대개 '내가 얼마나 알고 있는지'를 보여주려 한다. 그러나 대화는 지식의 경연장이 아니다. 오히려 상대의 생각을 기다릴 줄 아는 사람이 대화를 이끌어 간다. 느림은 둔함이 아니라 배려의 다른 이름이다.

말을 멈춰야 대화가 시작된다

이제 질문을 바꿔 보자. 혹시 당신은 상대의 말을 덮은 적이 없었는가. 대화 중에 "이건 내가 아는데" 하며 끼어든 적은 없었는가. 빠른 말의 습관은 종종 좋은 의도의 탈을 쓴 자기중심성에서 비롯된다. 상대를 이해하기보다 '내가 옳음을 증명하려는' 욕구가 스스로 말 폭격기로 만든다.

하지만 여유를 가지면 충분히 개선할 수 있다. 온점 뒤의 1초만으로도 분위기는 달라진다. 한 문장이 끝나고 나서 바로 다음 말을 잇지 말자. 그 1초 동안 상대의 눈빛을 보거나 숨을 들이마시거나 미소를 짓는 것도 좋다. 그 사이에서 공감이 만들어진다.

빠른 말은 지적 능력의 증거로 오해받기 쉽지만, 실제로는 관계의 신호를 무디게 만드는 습관일 때가 많다. 때로는 한 문장의 끝에 있는 그 짧은 침묵이 가장 진심 어린 말보다 더 많은 것을 전달한다.

당신의 말이 너무 앞서가고 있다면, 마음의 속도를 잠시 늦춰 보는 연습을 해야 한다. 그 여백 속에서 상대의 표정이 달라지고, 대화의 공기가 바뀔 것이다. 말이 빠른 사람은 대화를 주도하지만, 천천히 말하는 사람은 관계를 주도한다. 그리고 그 차이는 바로 파라랭귀지가 만들어내는 품격의 차이다.

파라랭귀지 툴킷

말의 속도를 낮추는 훈련법

1단계: 마침표 뒤에 1초 멈추기

한 문장을 끝낸 뒤 바로 다음 말을 잇기 전에 의식적으로 간격을 둔다. 문장의 끝에서 1초만 멈춰도 인상이 달라진다. 그 1초 동안 상대는 생각을 정리할 시간을 얻고, 화자는 호흡을 가다듬을 여유를 얻는다.

2단계: '하나, 둘' 마음속으로 카운트하기

말이 끝날 때마다 속으로 '하나, 둘'을 센다. 그 사이에 들리는 것은 자신의 호흡과 상대의 미세한 반응이다. 이 간격이 익숙해지면 대화의 속도는 자연스럽게 완화된다.

3단계: 상대의 리듬을 듣기

상대의 말 속도를 의식적으로 관찰한다. 빠른 사람 옆에서는 느리게, 느린 사람 옆에서는 약간 속도를 맞춘다. 대화는 경주가 아니라 동행이기 때문이다.

4단계: 말의 끝을 여운으로 남기기

문장을 끝내고 완전히 닫지 말고, 말끝에 약간의 여운을 둔다. 그 여운이 듣는 사람의 생각을 이어주고, 대화의 결을 부드럽게 만든다. 말의 끝이 여유로울수록 대화의 온도는 따뜻해진다.

   보이지 않는 말이 관계를 완성한다

기다리다 지치는 대화

"제가 … 말이 … 음 … 너~~~무 … 느려서 … 음 … 고민이에요오오."

스피치 강의 후 찾아온 한 수강생의 첫마디는 정말로 느렸다. 단어 하나하나가 길게 늘어졌고, 문장 사이에는 긴 정적이 흘렀다. 게다가 서술어의 끝음을 길게 끄는 버릇까지 있었다. 처음에는 긴장 때문이라 생각했다. 그러나 대화가 이어질수록 분명해졌다. 그녀는 원래 그렇게 말하는 사람이었다.

"어디서부터 … 고쳐야 … 할까요오오."

그녀의 목소리는 부드럽고 순했다. 그런데 이상하게도 대화가 길어질수록 답답함이 밀려왔다. 한 문장이 끝나기 전에 마음이 먼저 앞서가 버렸고, 나도 모르게 속으로 중얼거렸다. '그래서, 무슨 말을 하려는 거지?'

말이 느린 사람은 언뜻 순하고 착해 보인다. 상대의 말을 끊지 않고 차분히 듣는 듯한 인상도 준다. 하지만 조금만 대화를 이어가 보면 그 느린 속도는 금세 오해로 변한다. 급한 세상 속에서 그들은 종종 답답한 사람, 느릿느릿해서 일 못 하는 사람으로 오해받는다. 의도치 않게 쉬워 보이는 인상을 주기도 한다.

그 수강생도 그랬다. 회사에서는 늘 "조금만 더 빨리 말해봐요." "그래서 결론이 뭐예요?"라는 말을 듣는다고 한다. 프레젠테이션 중에는 말이 끝나기도 전에 상사가 말을 끊는 경우도 있었다고 한다. "아직 다 말씀 안 드렸는데…"라고 항변하는 순간조차 그녀의 문장은 느리게 흘렀을 것이다. 결국 중요한 자리에서는 발언 기회를 얻기 어려워졌고, 회의가 끝나면 늘 자책해야 했다.

그녀의 느림은 성격이 아니라 리듬의 문제였다. 단어의 길이, 호흡의 타이밍, 서술어의 끝음 끌기, 이 모든 요소가 느리게 이어지면서 '게으르다' '답답하다'는 인상을 만들었다. 하지만 그것은 단지 속도의 문제가 아니라 '신뢰와 권위의 문제'로까지 이어질 수 있다. 말이 느리면 상대는 무의식적으로 이렇게 판단한다. '이 사람, 일을 잘 처리할 수 있을

 보이지 않는 말이 관계를 완성한다

까?' '왠지 확신이 없어 보이는데?' 느림은 부드럽지만, 때로는 설득력을 잃게 만든다. 착해 보이지만 리더십이 부족해 보이기도 하고, 따뜻하지만 신뢰를 주지 못한다. 그래서 느린 말투를 가진 사람은 협상이나 회의에서 주도권을 잃기 쉽다.

이런 인상은 개인의 능력과 무관하지만, 사회적 장면에서는 결정적인 차이를 만든다. 특히 리더나 강연자, 상담가처럼 '메시지를 전달해야 하는 직업군'에서는 느린 말이 치명적이다. 아무리 좋은 내용이라도 리듬이 느리면 집중도가 떨어지고, 말의 무게가 약해진다. 한마디로 '메시지가 전달되지 않는 친절함'이 되어 버린다.

답답함이 권위를 갉아먹을 때

여기서 중요한 점이 있다. 말이 빠르든 느리든, 결국 핵심은 속도가 아니라는 점이다. 대화의 품격을 결정하는 것은 리듬의 균형이다. 너무 빠른 말은 상대의 마음을 기다려주지 못하고, 너무 느린 말은 상대를 지치게 만든다 하나는 압박이 되고, 다른 하나는 피로가 된다. 빠름은 단호함의 가면을 쓰고, 느림은 친절의 얼굴을 하고 있지만, 둘 다 관계의 리듬을 깨뜨린다는 점에서는 같다.

대화에는 각자의 박자가 있다. 그 박자를 존중할 때 말은 정보가 아니라 감정의 파장이 된다. 말의 속도를 조절한다는 것은 단순히 기술을 익히는 일이 아니라 상대의 시간에 맞춰 걸음을 맞추는 일이다. 그래서 좋은 말하기는 화려한 언변이 아니라 적절한 속도의 감각, 즉 '리듬 지능Rhythm Intelligence'에서 비롯된다.

우리가 찾아야 할 것은 빠름도 느림도 아닌 최적의 속도, 곧 공감이 머무는 속도다. 그 속도 안에서 말은 힘을 얻고 관계는 편안해진다. 다시 말하지만, 말의 결이 곧 마음의 결이라는 사실을 기억해야 한다.

4

말의 주인이 되는 법

회의실 공기가 무거워졌다. 한 시간째 결론이 나지 않자 팀장이 조용히 물었다.

"이 프로젝트, 어떻게 생각해요?"

팀원 A가 조심스럽게 입을 열었다.

"다들 좋다고 하던데요. 김 부장님도 괜찮다고 하셨고요."

팀원 B가 거든다.

"요즘 다들 그렇게 하던데요. 그러니 진행하는 게 좋을 거 같습니다."

팀장의 표정이 굳었다.

"결국 아무도 자신의 결정에 책임을 지지 않겠다는 걸로 들리는군요."

이 장면, 낯설지 않다. 종종 자신의 의견을 말해야 할 순간에 타인의 말을 빌린다.

"모두가 그렇게 말합니다."
"누군가 그랬습니다."
"그렇다고 들었습니다."

물론 이렇게 말하면 안전해 보인다. 책임을 안 져도 될 것 같고 잘못 되더라도 누구의 탓도 아닌 듯 느껴진다. 하지만 대화는 그 자리에서 맴돌고, 누구의 말도 중심을 잡지 못한 채 공기만 무겁게 가라앉는다.

그때 한 팀원이 조용히 입을 열었다.

"저는 그렇게 생각하지 않습니다."

순간, 회의실의 공기가 바뀌었다. 말이 주인을 찾는 순간이다.

명확한 주어가 신뢰를 만든다

고백하자면 나 또한 직장 상사에게 비슷한 내용으로 꾸지람을 들은 적이 있다. 우리 회사의 책을 도서관에 진열하는 문제를 두고 상사가 내 의견을 물었고, 나는 이렇게 대답했다.

"대표님께서 괜찮다고 하셨습니다."

그 말이 끝나자 상사는 굳은 표정으로 나를 보며 짧게 말했다.

"내가 물은 건 대표님 의견이 아니라, 당신의 의견이에요."

속으로 아차 싶었다. 상사의 의견에 동의하면서도 슬쩍 타인의 의견 뒤에 숨으려 했던 것이다. 결국 나는 그 순간 내 말의 주인이 되지 못했다.

이것은 단순한 실수가 아니다. 습관이다. 많은 사람이 자기 생각을 말해야 할 순간에 타인의 권위를 빌린다. 물론 근거를 제시하는 것은 중요하다. 하지만 그것만으로는 부족하다. 그 근거를 바탕으로 '나는 어떻게 생각하는가'로 마무리해야 한다.

'나는'을 주어로 삼지 못하는 사람은 신뢰를 얻기 어렵다. 상대는 의심하게 된다. '이 사람은 자기 생각이 있는 건가, 없는 건가?' 단순히 정보를 전달하는 사람인가, 판단할 수 있는 사람인가?' 자신의 명확한 의사를 전달하지 못하면 신뢰만 잃는 것이 아니다. 소통의 방향 자체가 흐트러진다. 주어가 불분명한 말은 대화의 축을 잃는다. 상대는 누구의 말인지 알 수 없으니, 그 말에 어떻게 반응해야 할지도 알 수 없다. "그렇다고 들었습니다." "다들 그렇게 생각합니다."라는 문장은 표면상 의견처럼 들리지만, 사실상 의사표시의 부재로 읽힌다. 누군가의 생각을 옮겼을 뿐 나의 판단이 빠져 있다. 그런 말은 대화의 흐름을 만들지 못한다.

소통은 공을 주고받는 것과 비슷하다. 내가 던진 공의 방향이 명확해야 상대도 방향을 잡는다. '나는'을 잃은 말은 힘이 없고, 어느 쪽으로 날아가는지도 모른다. 듣는 사람은 공이 오기를 기다리지만, 말은 허공에서 흩어진다. 결국 대화는 서로를 향해 움직이지 못하고, 각자의 자리에서 맴돈다.

"그 팀이 잘한다고 들었습니다."보다는 "저는 그 팀이 요즘 성과를 내고 있다고 생각합니다."라고 말하면 된다. "대표님은 이 안이 좋다고 하셨습니다." 대신 "저는 이 안이 더 현실적이라고 봅니다."라고. 같은 사실이라도 '나는'이라는 주어가 들어가면 말의 결이 달라진다.

'나는'으로 시작했는데 중간에 주어가 바뀌는 경우도 종종 있다. "저는 이 방안이 효과적이라고 생각하는데, 업계에서는 다들 회의적이라고 합니다." 이 문장의 주인은 누구인가. '나'인가, '업계'인가. 듣는 사람은 혼란스럽다. '나는 이렇게 생각한다'로 시작했으면 끝까지 '나'의 관점을 유지해야 한다. 타인의 의견을 언급하고 싶다면 명확히 구분해야 한다. "저는 이 방안이 효과적이라고 생각합니다. 다만 업계에서는 회의적인 의견도 있습니다. 하지만 저는 오히려 이런 이유로 시도할 가치가 있다고 봅니다."

주어와 서술어의 호응 관계를 지키는 것은 문법의 문제가 아니라 신뢰의 문제다. 말이 흔들리면 사람도 흔들려 보인다. 명확한 시점은 명확한 존재감을 만든다.

말에는 세 가지 층위가 있다. 사실, 전언, 추측. 이것을 구분하지 못하면 커뮤니케이션은 엉킨다.

“매출이 감소했습니다.”

“담당자가 매출이 감소했다고 합니다.”

“매출이 감소한 것 같습니다.”

세 문장은 의미와 무게가 전혀 다르다. 첫 번째는 확인된 정보다. 두 번째는 전달받은 정보다. 세 번째는 추정이다. 이것을 섞으면 혼란이 생긴다.

특히 직장에서 이 구분은 중요하다. 상사가 “프로젝트 진행 상황이 어때?”라고 물을 때, “잘되고 있는 것 같습니다.”라고 답하면 상사는 불안하다. 확인한 건지 단순한 추측인지 명확하지 않다. 대신 “진행률 80%입니다. 다음 주 월요일에 완료할 예정입니다.”라고 답하면 상사는 안심한다.

말의 주인이 되려면 자신이 지금 어떤 층위의 말을 하고 있는지 정확히 알아야 한다.

'같아요' 덜어내기

같은 맥락에서 한국인들이 자주 사용하는 표현 중 하나로 '같습니다'가 있다.

"오늘 컨디션 어때요?"

"좋은 것 같습니다."

"제 발표 괜찮았어요?"

"무난했던 것 같아요."

사실 "좋습니다." "무난했어요."라고 말해도 충분하다. 하지만 습관처럼 끝에 '같습니다'를 덧붙인다. 이 애매모호한 서술어는 한국어에서 가장 많이 남용되는 표현이다. 명확한 자기 의견인데도 습관적으로 '같습니다'를 붙인다. 이 말을 일종의 완충장치로 사용하는데, 그 여지는 때로 책임을 흐린다. 듣는 사람은 '이 사람은 스스로도 확신이 없구나'라고 느낀다.

'같습니다'를 빼면 문장이 달라진다.

“오늘 컨디션 좋아요.”

“발표 괜찮았어요.”

짧은 어미 하나가 사람의 존재감을 바꾼다.

물론 모든 말을 단정적으로 해야 한다는 뜻은 아니다. 다만, 자신의 감정과 생각에 확신이 있을 때는 그에 합당한 문장으로 닫아야 한다. 겸손과 불확실은 다르다. 겸손은 자기 확신 안에서 피어나지만, 불확실은 확신을 피하는 방식이다. 존재감은 목소리의 크기에서 오지 않는다. 자기 생각을 스스로 승인하는 태도, 그 조용한 중심에서 나온다.

파라랭귀지 툴킷

말의 주인이 되는 훈련법

1단계: '나는'으로 문장을 열기

의견을 말할 때마다 "저는/나는'으로 시작한다. 문장 안에서 주어를 잃지 않는다. 처음에는 어색할 것이다. 너무 자기주장이 강해 보이는 것 같아 불안할 것이다. 하지만 계속하다 보면 자연스러워진다. 그리고 놀라운 변화를 경험한다. 사람들이 당신의 말에 더 귀 기울인다.

2단계: '같습니다'를 의식적으로 빼기

자신의 감정, 의견, 판단을 말할 때는 '같습니다'를 의식적으로 피하자.

3단계: 사실, 전언, 추측을 분리하기

'그렇습니다'(사실), '그렇다고 들었습니다'(전언), '그럴 것 같습니다'(추측)를 명확히 구분해 말한다. 회의나 보고에서는 한 문장에 세 가지 표현을 섞지 않는다.

5

말하지 않을 때
더 강력해지는 순간

강의실은 오후의 나른한 공기로 가득 차 있다. 학생들의 눈길은 노트북 화면과 스마트폰 화면에 고정돼 있고, 교수의 목소리는 대부분 배경음처럼 흘러간다. 그러다 갑자기 교수가 말을 멈춘다. 3초, 5초, 10초… 시간의 흐름 속에서 교실의 공기가 달라진다. 학생들의 시선이 하나둘 교수에게 모이고, 자세가 바뀌며, 공간 전체에 숨을 죽인 듯한 긴장감이 감돈다.

교수가 침묵을 깨고 입을 연다.

"여러분은 어떻게 생각하십니까?"

이 질문은 마치 화살처럼 학생들의 마음에 꽂힌다. 만약 교수의 말이 쉼 없이 이어졌다면 어땠을까. 이 질문은 수많은 말들 속에 묻혀버렸을 것이다. 그러나 침묵 직후에 던져진 질문은 청중의 마음속에 선명하게 박힌다. 10초 남짓의 짧은 정적은 단순한 고요가 아니다. 청중을 몰입시키고 메시지를 깊이 각인시키는 전략적 장치, 바로 파라랭귀지다.

침묵은 단순히 말을 멈추는 행위가 아니다. 청중의 주의와 사고를 집중시키는 신호다. 정적이 흐르는 순간 청중은 말하기 이전의 정보를 재구성하고, 다음 발화가 가져올 의미를 스스로 준비한다. 짧은 침묵이 주는 효과는 장황한 설명보다 훨씬 강력하다.

침묵은 공간이다

침묵은 단순한 정적이 아니다. 그것은 일종의 '공간'이다. 건축에서 채워진 부분보다 비어 있는 부분이 오히려 공간의 성격을 규정하듯, 대화에서 침묵은 말의 의미를 규정한다. 신경과학 연구에 따르면 대화 중 침묵의 순간에 우리의 뇌는 정보를 더 효과적으로 처리한다. 침묵이 뇌의 기본 모드 네트워크default mode network를 활성화해 창의적 사고와 감정 처리를 돕기 때문이다.

이를 증명하는 흥미로운 연구가 있다. 2013년 신경생물학자 임케 키르스테Imke Kirste는 쥐를 대상으로 한 실험에서 하루 2시간의 침묵이 해마의 세포 발달을 촉진한다는 사실을 밝혀냈다. 해마는 기억 형성과 관련된 뇌 영역으로, 이 연구는 침묵이 뇌 발달에 직접적인 영향을 미친다는 사실을 보여준다.

대화에서의 침묵도 마찬가지다. 말과 말 사이의 잠시 멈춤은 청자에게 정보를 정리하고 다음 말을 준비할 시간을 벌어준다. 화자에게는 청중의 주목을 끌고, 중요한 메시지를 강조하며, 권위를 확립할 기회를 준다.

위대한 연설가들은 모두 침묵을 잘 활용했다. 윈스턴 처칠, 마틴 루터 킹 주니어, 버락 오바마, 스티브 잡스. 이들의 공통점은 단순히 말솜씨가 좋은 웅변가라는 데 있지 않다. 이들은 침묵의 힘을 이해하고 활용할 줄 알았다.

오바마 전 미국 대통령은 극적인 침묵dramatic pause의 기술을 완벽하게 구사했다. 그는 중요한 메시지를 전달하기 직전 말을 멈추고 청중을 바

   보이지 않는 말이 관계를 완성한다

라봤다. 수천 명의 청중이 숨을 죽였고, 그가 다시 입을 열었을 때 모든 귀가 그의 말에 집중했다.

스티브 잡스의 유명한 스탠퍼드대학교 졸업식 연설을 들어보면 침묵이 얼마나 중요한지를 실감할 수 있다. 그는 핵심 메시지인 "Stay hungry. Stay foolish."를 말하기 직전에 길게 침묵했다. 그 침묵이 '끊임없이 도전하고 배움에 대한 열정을 잃지 말라는' 의미를 가진 이 문장의 무게를 배가시켰다. 말보다 침묵이 더 큰 울림을 준 순간이었다.

물론 침묵은 아무 때나 사용한다고 효과가 있는 것이 아니다. 요리에서 소금을 뿌리는 타이밍이 중요한 것처럼, 침묵도 정확한 순간에 사용해야 효과적이다. 강조하고 싶은 말 직전에 침묵하는 것이 좋다.

"우리 회사의 올해 매출은 … (침묵) … 역대 최고입니다."

이처럼 침묵 직후에 나오는 말은 자연스럽게 강조된다. 마치 스포트라이트를 받는 것처럼 청중의 주의를 집중시킨다.

상대방이 생각할 시간을 주고 싶을 때도 침묵은 유효하다. 아이에게 질문을 던진 후 답답함을 견디지 못해 스스로 답을 주는 부모와 아이가 스스로 답을 찾을 때까지 기다려주는 부모. 어느 쪽이 더 현명할까. 침묵은 상대방에게 생각할 공간을 선물하는 일이다. 코칭이나 상담에서도 마찬가지다.

스스로 감정을 조절하고 싶을 때도 침묵은 탁월한 전략이 된다. 화가 치밀어 오를 때, 지금 말을 하면 분명 후회할 상황이라면, 침묵이 가장 현명한 선택이다. 말하지 않는 것만으로도 상황을 악화시키지 않을 수 있다.

침묵이 권위가 되는 순간

침묵과 관련해 흥미로운 사실이 있다. 말을 많이 하는 사람보다 침묵을 잘 활용하는 사람이 더 권위 있어 보인다는 것이다. 이유는 단순하다. 끊임없이 말하는 사람은 불안해 보인다. 침묵이 두려워 빈 공간을 말로 채우려는 사람처럼 보이기 때문이다. 반면 침묵을 편안히 사용하는 사람은 여유로워 보인다. 침묵을 견딜 수 있다는 사실 자체가 자신감의 표현이 된다.

　　　　　　　　　　　　보이지 않는 말이 관계를 완성한다

경험 많은 CEO들을 관찰해보면 금세 알 수 있다. 그들은 질문을 받았을 때 바로 대답하지 않는다. 잠시 생각하고 침묵 후에 천천히 답한다. 그 짧은 침묵이 그들의 말에 무게를 실어준다. 협상 전문가들도 마찬가지다. 상대의 제안에 즉각 반응하지 않고 잠시 침묵한다. 그 순간 상대는 불안해지고, 더 나은 조건을 제시하려 한다. 침묵이 말 없는 협상의 도구가 되는 순간이다.

그런데 침묵을 유지하는 일은 생각보다 어렵다. 특히 한국 문화에서는 더욱 그렇다. 침묵은 어색함으로 여겨지고, 빨리 말로 채워야 한다는 압박이 따른다. 그러나 진정으로 영향력 있는 사람들은 침묵의 가치를 안다. 그들은 모든 공간을 말로 채우지 않는다. 오히려 중요한 순간에 침묵으로 공간을 만들고, 그 공간 속에서 메시지가 울려 퍼지게 한다.

침묵은 비어 있는 것이 아니라 가능성으로 가득 찬 공간이다. 상대가 생각할 공간, 말이 스며들 여지, 진정한 소통이 일어날 공간이다. 다음 대화에서, 발표와 회의에서 용기를 내어 침묵을 시도해 보는 건 어떨까. 말을 멈추는 그 짧은 순간이 당신의 영향력을 가장 강력하게 만드는 순간이 될 것이다.

파라랭귀지 툴킷

침묵을 활용하는 훈련법

1단계: 3초 규칙 연습하기

일상 대화에서 의도적으로 3초의 침묵을 만들어 본다. 상대가 질문할 때 바로 대답하지 말고 속으로 3초를 센다. '하나, 둘, 셋'을 센 뒤 답하는 식이다. 처음에는 3초가 영원처럼 느껴질 수 있다. 하지만 상대는 그 침묵을 그렇게 길게 느끼지 않는다. 오히려 신중하게 생각하고 있다고 인식한다.

2단계: 강조점 표시하며 읽기

신문 기사나 책을 소리 내어 읽되, 강조하고 싶은 단어나 문장 앞에 표시를 해둔다. 그리고 그 지점에서 짧게 멈춘 뒤 강조할 내용을 또렷하게 읽는다. 예를 들어 "우리가 집중해야 할 것은 … (침묵) … 고객의 진짜 니즈다." 이 연습을 통해 침묵과 강조의 타이밍을 자연스럽게 익힐 수 있다.

3단계: 발표나 회의에서 의도적으로 침묵 넣기

이제 실전이다. 발표나 회의에서 의도적으로 침묵을 활용해 본다. 중요한 메시지를 전달하기 직전, 청중의 반응을 확인하고 싶을 때, 분위기를 바꾸고 싶을 때 침묵을 사용하면 좋다. 침묵은 단순한 멈춤이 아니라 메시지를 강화하는 리듬이다.

6

온라인 시대의
새로운 음성 예절

스마트폰으로 누구와도 실시간으로 소통할 수 있는 시대, 디지털 소통이 자연스러운 일상을 살아가고 있다. 아침에 눈을 뜨자마자 카톡으로 안부를 묻고, 전화 대신 이메일로 자료를 공유하며, 축하는 이모티콘으로 대신한다. 말보다 손끝이 먼저 움직이는 시대, 우리의 하루는 텍스트 대화로 가득 차 있다.

편리해진 만큼 낯설어진 것도 많다. 언제부터인가 목소리의 떨림 대신, 문장 부호의 리듬으로 감정을 읽는다. 얼굴을 마주 보며 나누던 웃음 대신, 마침표 하나와 이모티콘 하나로 마음을 전해야 한다. 마침표의 개수, 이모티콘의 종류, 응답까지 걸린 시간 같은 신호로 상대의 감정을 추측한다. 그런데 그 작은 기호들이 때로는 칼날처럼 오해를 낳기도 한다. '읽고도 답이 없네.' '왜 저 사람은 저렇게 딱딱하게 쓰지?' 이런 생각들이 눈에 보이지 않는 오해와 장벽을 만든다.

달라진 소통 문화는 새로운 도전 과제를 안겨주었다. 어떻게 하면 텍스트로 상대에게 내 마음을 오해 없이 전할 수 있을지 고민하게 된다. 얼굴을 보고 대화할 때는 상대의 얼굴과 음성, 파라랭귀지를 통해 자연스럽게 상대방의 의사와 감정을 확인할 수 있다. 하지만 온라인에서는 이것이 쉽지 않다. 그래서 더 세심한 관리와 배려가 필요하다. 그래서 오늘날의 소통에는 새로운 예절이 필요하다. 말의 예절이 아니라 텍스트의 예절 말이다. 그것은 디지털 시대가 요구하는 또 하나의 파라랭귀지, 소리 없는 음성의 문법이다.

말의 온도가 사라진 자리

텍스트 예절의 중요성을 절감하게 한 경험이 있다. 경력단절 여성을 대상으로 한 강연을 하루 앞둔 날이었다. 행사 담당자에게서 카톡이 왔다. 강의료 송금 문제로 주소를 다시 알려달라는 내용이었다. 그런데 그 질문은 이미 일주일 전에도 한 번 받았던 것이었다. 나는 잠시 멈칫했지만, 곧바로 주소를 적고 이렇게 덧붙였다.

"사실 일주일 전에 드렸습니다."

회의실로 이동하던 중이라 짧게 답한 메시지였다. 그러자 곧바로 답장이 왔다.

"앗, 제가 너무 정신이 없어서 그랬나 봐요. 죄송합니다."

아차 싶었다. 내 의도는 단순한 확인이었지만, 문자로는 그 말의 결이 다르게 들렸던 것이다. 다시 읽어 보니 그런 답장이 올 만도 했다. 나는 곧바로 다시 카톡을 보냈다.

"괜찮습니다. 저도 늘 그렇습니다."

아니나 다를까 다음 날 강의장에 도착했을 때, 담당자의 표정이 어딘가 경직되어 있었고 미묘하게 나를 경계하는 기색이었다. 하지만 몇 마디 인사를 나누자 금세 미소가 번졌다.

"오늘 실제로 뵈니까 너무 따뜻하시네요. 어제는 제가 괜히 긴장했나
봐요."

강의가 끝난 뒤 그는 웃으며 말했다.

"다음 강의도 꼭 부탁드리고 싶어요."

그 순간 나는 다시 한번 느꼈다. 텍스트에도 파라랭귀지는 존재한다
는 것을. 소리의 높낮이와 억양이 감정을 전하듯, 문자에도 리듬과 온
도가 있다는 사실 말이다. 짧은 문장 하나, 마침표 하나가 마음의 결을
바꾸고, 때로는 관계의 온도를 결정한다. 그날의 작은 사건은 '소리 없
는 말'이 가진 힘을 새삼 일깨워주었다.

디지털 대화의 새로운 규칙

이제 텍스트에도 파라랭귀지가 있다는 사실을 받아들여야 한다. 말을 할 때 억양, 속도, 음색, 침묵, 떨림 등으로 감정을 전하듯, 디지털 소통에서는 문장의 길이, 문장 부호, 이모티콘의 선택이 그 역할을 대신한다. 같은 "네"라는 답변이라도 "네~"와 "네", 그리고 "넵"과 "네네"는 전혀 다른 온도를 지닌다. "알겠습니다"와 "알겠습니다^^"도 마찬가지다.

이런 차이는 세대 간에도 두드러진다. 젊은 세대에게 마침표는 때로 차갑게 느껴진다. "알겠습니다."라는 문장이 상사에게는 정중한 답변이지만, 2030세대에게는 거리감을 주는 표현이 될 수 있다. 반대로 중장년층은 "ㅋㅋ"나 "ㅇㅇ" 같은 축약어를 불성실하거나 경박하게 받아들이기도 한다.

문제는 이런 차이를 서로 모른다는 것이다. 내가 정중하게 쓴 문장이 상대에게는 냉담하게 읽히고, 내가 편하게 보낸 메시지가 상대에게는 무례하게 전달될 수 있다. 디지털 소통의 오해는 대부분 여기서 시작된다.

그렇다면 어떻게 해야 할까? 온라인 시대의 음성 예절은 단순히 정중한 표현을 쓰는 것만으로는 부족하다. 상대가 누구인지, 어떤 상황인지, 어떤 관계인지에 따라 텍스트의 온도를 조절할 수 있어야 한다.

우선은 상대의 문장 패턴을 관찰해야 한다. 상대가 이모티콘을 자주 쓴다면 나도 적절히 활용하고, 간결한 문체를 선호한다면 나도 핵심만 전달한다. 미러링은 대면 대화뿐 아니라 텍스트 소통에서도 유효하다.

미묘한 감정을 담은 문장에는 숨 쉴 틈을 주는 게 좋다. "감사합니다"보다 "정말 감사합니다"가, "알겠습니다"보다는 "네, 알겠습니다!"가 더 따뜻하게 느껴진다. 부사 하나, 감탄부호 하나가 문장에 온기를 불어넣는다.

기술은 우리의 소통을 빠르게 만들었지만, 동시에 관계를 차갑게 만들 위험도 안겨주었다. 버튼 하나로 메시지를 보내고, 클릭 한 번으로 관계를 끊는 시대. 그러나 진짜 소통은 속도가 아니라 온도에 달려 있다.

얼마 전 한 기업의 워크숍에서 만난 팀장은 이런 말을 했다.

"요즘 젊은 직원들은 업무 지시를 카톡으로 하면 기분 나빠 해요. 제가 뭘 잘못한 건지 모르겠어요."

그래서 물었다. 어떻게 지시하느냐고. 그는 스마트폰을 꺼내 보여주었다.

"김 대리, 이 자료 내일까지."

짧고 명확한 문장이었다. 효율적이라고 생각했을 것이다.
나는 조심스럽게 제안했다.

"김 대리, 이 자료 내일까지 가능할까?' 이렇게 한번 보내보시면 어떨까요?"

그는 고개를 끄덕이며 말했다.
"이렇게까지 해야 하나 싶기도 한데, 그래도 한번 해볼게요."

며칠 뒤 그에게서 연락이 왔다. 정말 달라졌다고. 같은 지시인데도 팀 분위기가 한결 부드러워졌다고. 문장 하나가, 단어 하나가 관계를 바꿀 수도 있다.

　온라인 시대의 새로운 음성 예절은 결국 관계에 대한 태도에서 시작된다. 내가 보낸 한 줄의 문장이 누군가의 하루를 바꿀 수 있다는 것, 마침표 하나가 관계의 온도를 결정할 수 있다는 것을 기억해야 한다.

　디지털 소통은 편리하지만 불완전하다. 목소리의 떨림도, 눈빛의 따뜻함도 담을 수 없다. 그러나 그 안에서도 마음을 전할 방법을 찾아야 한다. 한 글자를 더 쓰는 정성, 이모티콘 하나를 고르는 세심함, 때로는 문자 대신 전화를 거는 용기. 그것이 바로 소리 없는 시대의 새로운 음성이다. 화면 너머의 상대도 결국 사람이다. 그 사람에게 내 문장이 어떻게 읽힐지 한 번 더 생각하는 것. 그것이 온라인 시대를 살아가는 우리에게 필요한 가장 기본적인 예절이자, 가장 따뜻한 배려가 아닐까.

　　　　　　　　　　

파라랭귀지 툴킷

보이지 않는 목소리를 전달하는 훈련법

1단계: 응답의 리듬을 조율하기

답장이 빠르다고 좋은 것만은 아니다. 반대로 너무 늦으면 무관심으로 읽힌다. 메시지의 성격에 따라 적절한 간격을 두고, 필요한 경우 "회의 중이라 조금 늦을 것 같아요."처럼 예고를 남긴다.

2단계: 문장 부호로 억양을 조절하기

마침표는 단호함, 쉼표는 여백, 느낌표는 긍정이다. "감사합니다, 덕분입니다."처럼 한 박자의 쉼표가 문장의 온도를 바꾼다.

3단계: 이모티콘은 최소한으로

감정을 전달하되 남용하지 않는다. 관계가 낯설 땐 문장으로 감정을 표현하고, 익숙해질수록 간단한 이모티콘으로 리듬을 더한다.

4단계: 오해는 즉시 해명하기

표정이 없는 대화에서는 사소한 뉘앙스가 쉽게 남는다. 의도와 다르게 전달됐다면 한 줄의 설명을 덧붙인다. 그것이 관계를 지키는 가장 빠른 방법이다.

상처는 큰소리로 오지 않는다.
한숨과 코웃음, 그 미세한 균열로 스며든다.
말의 결이 어긋나는 순간,
관계의 온도도 함께 식어간다.

4장

관계를 망치는 파라랭귀지의 오류들

관계의 주파수가 어긋날 때

소통은 언제나 이해와 오해 사이를 아슬아슬하게 오간다. 같은 말을 하고 같은 웃음을 지어도 파장은 어긋날 수 있다. 아주 미세한 주파수의 차이로 인해 마음은 닿지 않고, 진심은 왜곡된다. 그리고 그 어긋남을 되돌리는 일은 생각보다 훨씬 어렵다.

20대 후반 무렵, 오랜 친구로부터 다소 충격적인 말을 들었다.

"인지에게는 가정불화 같은 힘든 얘기를 하면 안 될 것 같았어."

예상치 못한 말이었다. 나는 친구의 이야기에 늘 귀 기울였다고 믿었다. 말로는 위로했고, 표정으로 공감했다고 생각했다. 사람들은 나를 친절하고 부드러운 사람이라 말했지만, 정작 친구는 나를 '편히 털어놓을 수 없는 사람'이라 느꼈던 것이다.

당황한 나는 친구에게 물었다.

"언제부터 그런 생각을 했던 거야?"

친구는 잠시 망설이다가 대답했다.

"처음 만났던 대학 신입생 시절이었어. 너는 싫은 소리를 너무 안 하더라. 늘 밝고 예쁜 말만 해서 묘하게 벽이 느껴졌어. 일부러 밝은 척하는 것 같기도 했고. 한동안 가식적이라는 오해도 했어. 미안해."

친구의 이 말이 내 마음에 꽤 오래 남았다. 나는 다정함으로 다가갔다고 믿었지만, 그 다정함이 오히려 가식처럼 들렸다니. 불편한 감정을 표현하지 못하고 꾹 눌러 담는 내 성향이 친구에게는 '벽을 치는 사람'으로 비쳤던 것이다. 내 안에서는 진심이었는데, 밖으로는 진심이 아닌 파장으로 흘러나갔던 셈이다.

복잡한 내 표정을 읽었는지 친구가 웃으며 말했다.

"이제는 네가 그런 사람이 아니란 걸 알아. 당연히 내가 오해했던 거야. 신경 쓰지 마."

하지만 나는 그 말을 쉽게 넘기지 못했다. 이미지가 만들어지는 데는 몇 초면 충분하지만, 그것이 바뀌는 데는 7년이 넘게 걸렸다.

보이지 않는 틈, 말보다 먼저 흔들리는 관계

실제로 여러 연구를 종합해 보면, 사람은 낯선 이를 마주한 뒤 짧게는 단 0.1초, 길게는 30초 만에 '이 사람과 가까워지고 싶은가, 아니면 거리를 두어야 하는가'를 무의식적으로 판단한다고 한다. 얼굴의 인상과 표정, 목소리의 높낮이와 같은 비언어적 신호가 이 짧은 순간에 집중적으로 작용한다. 한 연구에 따르면 얼굴 사진을 0.1초만 보아도 이후 더 긴 노출 시간에서 평가한 인상과 거의 유사한 판단이 형성됐다고 한다. 즉, 인간의 뇌는 몇 초 이내의 비언어적 단서만으로도 '내 편인지, 낯선 위험인지'를 빠르게 구분하는 감정적 판단 체계를 작동시키는 것이다.

   보이지 않는 말이 관계를 완성한다

그래서 파장은 쉽게 어긋나지만, 다시 맞추기는 쉽지 않다. 한번 왜곡된 인상은 오랜 시간의 일관된 신호로만 회복된다. 우리가 파라랭귀지를 미세하게 다듬어야 하는 이유가 바로 여기에 있다. 단어의 선택보다 그 단어를 실어 나르는 온도와 리듬을 조율해야 한다. 그 작은 진동 하나가 상대의 마음을 닫히게도, 열리게도 하기 때문이다.

친구와 나는 다행히 긴 시간을 함께 보내며 오해를 풀 수 있었다. 하지만 우리에겐 그런 기회가 주어지지 않는 순간이 훨씬 더 많다. 친구와의 대화 이후 많은 생각이 들었다. 과연 나는 얼마나 많은 관계를 이런 식으로 잃어왔을까. 또, 나는 얼마나 많은 사람을 잠깐의 이미지로 오해했을까.

파라랭귀지는 단지 말의 포장이 아니라 진심의 전달 통로다. 그 진동이 정확히 맞아떨어질 때 비로소 관계는 깊어지고, 신뢰는 자라난다. 하지만 주파수가 조금만 어긋나도 말은 통하면서도 마음은 멀어진다.

그래서 파라랭귀지를 다듬어야 한다. 목소리의 결을 고르고, 표정의 리듬을 조율하고, 호흡의 속도를 상대의 박자에 맞추는 연습을 해야 한다. 그것은 단순한 화법의 훈련이 아니라 마음의 진동을 정교하게 조율하는 일이다. 관계는 그 미세한 조율 위에 세워진다. 그리고 그 조율의 감각을 잃는 순간, '말이 통하지만 마음은 멀어지는' 사람으로 남게 된다.

2

소리 없는 무례함

어느 날 지인과 동네 생활용품점에서 머그잔 고르고 있었다. 선반을 한참 보다가 마음에 드는 것이 있어 지인에게 물었다.

"이거 어때요? 모양도 예쁘고 손에 잡히는 감이 좋아요."

지인은 고개를 끄덕였다.

"괜찮은데요. 색감도 은은하고."

그런데 말이 끝나자마자 상대의 입에서 아주 짧게 '쩝—' 하는 소리가 났다. 그 짧은 마찰음 하나가 '사실은 마음에 들지 않는다'는 신호처럼 들렸다. 컵을 고르는 내내 대화의 리듬이 미세하게 끊겼고, 결국 나는 아무것도 사지 못했다.

대화가 어긋나는 순간은 말보다 소리에서 먼저 시작된다. 말의 내용은 친절한데, 그 뒤에 붙는 작은 소리 하나가 공기의 흐름을 바꿔 놓기도 한다. 물론 그 소리는 대체로 의도되지 않은 것이다. 하지만 듣는 사람의 마음에는 오해를 불러일으킨다.

쩝ㅡ. 입술이 붙었다 떨어지는 이 소리를 사람들은 무심코 내뱉지만, 이 짧은 음절 하나가 '싫증'이나 '불쾌'의 표시로 들릴 때가 있다. 회의 중 누군가의 말이 끝날 때마다 이 소리가 섞이면, 그 공간에는 보이지 않는 단절이 생긴다. 한국어 화법에서는 이 소리가 특히 예민하게 작동한다. '동의하지 않는다'는 뜻을 굳이 말로 하지 않아도, 청자는 이미 그 미세한 마찰음을 통해 거부감을 감지한다.

말보다 빠른 부정의 신호들

한숨은 또 다른 형태의 불편한 신호다. 긴 문장보다 오히려 짧은 숨이 더 많은 이야기를 할 때가 있다. "휴ㅡ." 회의가 끝나자마자 상사가 짧게 한숨을 내쉬었다. 모두가 고개를 숙인 채 조용히 자리를 정리했

     보이지 않는 말이 관계를 완성한다

다. 그 한숨은 팀원들에게 피로보다는 평가처럼 들렸을 것이다.

한숨은 개인의 정리 동작처럼 보이지만, 듣는 사람에게는 관계의 온도를 낮추는 요인이 될 수 있다. '지루하다' '귀찮다' '이 일이 버겁다'는 뜻으로 오해받기 쉽다. 그런 의도가 없었다 해도 상대는 그렇게 받아들인다. 특히 직장에서는 한숨이 신호처럼 작동한다. 상사가 한숨을 쉬면 부하직원은 자신이 뭔가 실수한 게 없는지 돌아보게 되고, 동료가 한숨을 쉬면 '나와 일하기가 싫은가?' 하는 불안을 느낀다. 능력은 충분하지만 습관적인 한숨 때문에 신뢰를 잃는 경우를 종종 본다. 리더로서 자질이 부족한 것이 아니라 공기의 결을 다루지 못한 것뿐인데 말이다. 한숨은 보이지 않는 칼처럼 관계를 서서히 베어낸다.

코웃음은 그보다 훨씬 직접적이다. 짧게 내뱉는 숨소리 속의 조롱 기운은 순식간에 대화의 온도를 얼려 버린다. "그게 말이 돼요?" 이 문장보다 말 앞의 짧은 코웃음이 훨씬 더 공격적으로 들린다. 비언어의 언어가 상대를 먼저 부정해 버린 셈이다. 그래서 코웃음은 '감정의 폭력'으로 심리학 논문에도 등장한다. 화가 나지 않았더라도, 비웃는 듯한 숨결 하나가 관계의 균열을 만든다.

과도한 추임새도 경계해야 할 파라랭귀지다.

"그렇지~" "맞아요~" "그랬군요."

적절한 추임새는 대화를 부드럽게 만드는 파라랭귀지이지만, 지나치면 오히려 피상적인 리듬이 된다.

머칠 전 학부모 상담 중에도 비슷한 경험이 있었다. 아이의 수업 태도에 대해 설명하고 있었는데, 그 어머니는 상담 내내 "네네." "그렇군요." "맞아요."를 반복했다. 처음엔 열심히 듣고 있다고 생각했다. 하지만 문장이 끝나기도 전에 튀어나오는 "네네."가 계속되자, 이상하게 공허한 느낌이 들었다. 중요한 포인트를 설명할 때도 기계적으로 "그랬군요."가 따라붙었다. 그제야 깨달았다. 내 말을 듣고 있는 것이 아니라 단지 반응하고 있었던 것이다. 대화에는 반응이 아니라 '반향'이 필요하다. 진심이 빠진 추임새는 한숨이나 코웃음만큼이나 공기를 차갑게 만든다.

쩝소리, 한숨, 코웃음, 과도한 추임새는 모두 '무의식의 언어'다. 우리

    보이지 않는 말이 관계를 완성한다

가 무심코 흘리는 소리들이지만, 듣는 사람은 이것을 명확한 감정의 신호로 인식한다. 상대가 얼마나 능력 있는지, 얼마나 좋은 사람인지는 시간이 지나야 알 수 있다. 그러나 쩝소리 하나, 한숨 한 번, 코웃음 한 줄기, 기계적인 "네네."는 단 몇 초 만에 판단의 근거가 된다. '무례한 사람' '부정적인 사람' '성의 없는 사람'이라는 낙인은 놀라울 만큼 빠르게 찍힌다.

파라랭귀지는 화려한 말솜씨의 문제가 아니라 감정의 섬세한 관리에 관한 영역이다. 어떤 소리를 낼지보다 어떤 마음으로 듣고 있는지가 우리의 이미지를 만든다. 말보다 먼저 들리는 것은 언제나 마음이다.

생활용품점에서 머그잔을 고르던 그날, 지인이 자신의 쩝소리를 인식하고 있었다면 어땠을까. 아마 좋은 머그잔을 함께 골라 카페에 가서 차를 마시며 즐거운 시간을 보냈을 것이다. 작은 소리 하나가 큰 차이를 만든다. 당신의 능력과 인품이 이런 소리 하나 때문에 평가절하되는 것은 너무 억울한 일이 아닌가. 말보다 소리를 먼저 점검해야 하는 이유가 바로 여기에 있다. 그 소리가 당신의 진짜 모습을 대변하게 해야 한다.

3

나도 모르게 쓰는 말

솔직히 말하면, 나는 내가 꽤 정제된 언어로 말한다고 믿어왔다. 단어를 신중하게 고르고, 표현을 조심하며, 불필요한 군더더기는 되도록 삼가왔다. 그런데 어느 날 그 믿음이 흔들리는 사건이 있었다. 중요한 미팅의 내용을 녹음해두었다가 어플로 음성을 텍스트로 바꿔 본 것이다. 화면에는 내가 한 말들이 줄줄이 활자로 떠올랐다. 그런데 이상했다. 몇 문장을 읽기도 전에 얼굴이 화끈 달아올랐다. 거의 모든 문장에 '네네'와 '뭐랄까'가 끼어 있었다. 말할 땐 전혀 의식하지 못했던 단어들이 수많은 활자 속에서 맞춤법이 틀린 빨간 글자처럼 내 눈에 띄었다. 나는 내 언어를 통제한다고 믿었지만, 실제로는 입이 마음과 다르게 움직이고 있었다. 그날 나는 내가 얼마나 무의식적으로 습관어를 쓰고 있는지를 깨달았다.

그날 이후로 사람들의 말을 새삼 다르게 듣게 됐다. 대부분의 사람들도 비슷했다. 습관어는 자신도 의식하지 못하는 사이에 반복적으로 사용하는 말버릇의 일종이다. 대표적으로 '음' '이제' '그러니까' 등이 있다.

특히 발표 등에서 긴장할 때 습관어가 더 많이 튀어나온다. 이 경우 습관어를 과도하게 사용하면 청중에게 준비가 부족하거나 자신감이 떨어진다는 인상을 줄 수 있다. 일상의 언어 습관이 공식 자리에서 신뢰를 깎아 먹는 것이다.

습관어는 불편한 대화 자리에서도 자주 사용된다. 사람은 침묵을 불편해한다. 대화 중 잠깐의 공백이 생기면 마음이 조급해지고, 상대의 시선이 의식된다. 그때 입이 먼저 반응한다. 생각이 다 정리되지 않았는데도 "사실은요"라며 말을 잇고, 결론이 없는데도 "뭐랄까"로 시간을 번다. 화자가 다음 생각을 준비하는 동안 흐름을 끊지 않기 위해 내뱉는 말이다. 머릿속에서는 문장을 정리하고, 입은 그 사이를 메우며 대화의 끈을 붙잡는다.

이것은 누구에게나 자연스러운 반응이다. 누구나 생각보다 빨리 말을 해야 하는 순간이 있으니까. 그러나 이런 말이 자주 반복되면 대화의 결이 흐트러진다. 한두 번은 신중한 화법처럼 들리던 표현이 세 번째부터는 습관처럼 들린다. 듣는 사람의 귀는 이미 예측을 시작한다. "이제 또 '사실은'이라고 하겠지." 그 순간 중요한 말이 이어져도 집중이 끊긴다. '이전에 했던 말은 사실이 아니란 말인가'라고 생각하게 된다. 습관어가 부각되면 그 말의 본뜻은 뒤로 밀려난다.

반복이 만드는 대화의 함정

예전에 친한 직장 상사가 말끝마다 "걱정이란 말이지."를 썼다. "배달이 늦게 될까봐 걱정이란 말이지." "네가 오해할까봐 걱정이란 말이지." 처음엔 따뜻한 배려의 말이라고 생각했다. 하지만 그 문장이 습관처럼 반복되니 걱정보다 가식처럼 느껴졌다. 정말 걱정이 되어서 하는 말인지, 오히려 대화를 끝내기 위한 형식적 인사인지 구분하기가 어려웠다. 좋은 말도 반복되면 감정의 온도가 식는다. 부모가 아이에게 "공부 좀 해라."를 반복할 때처럼, 진심이 상대에게 전달되지 않는다.

     보이지 않는 말이 관계를 완성한다

이런 언어적 반복은 단지 귀의 피로로 끝나지 않는다. 언어학 연구에 따르면, 사람들은 반복되는 단어나 억양 패턴을 인식하는 순간 무의식적으로 '형식화'된 언어로 분류한다고 한다. 감정의 온도는 낮아지고, 메시지는 배경음처럼 희미해지는 것이다. 음악에서 같은 리듬이 계속 반복되면 몰입이 떨어지는 것과 같다. 대화에서도 반복된 말은 감정의 파형을 줄여버린다.

말은 때때로 마음보다 앞서 달린다. 그래서 우리 대부분은 자신도 모르게 같은 말을 되풀이한다. 하지만 그 반복을 의식하는 순간, 이미 변화는 시작된다. 공백을 메우던 단어들을 의식적으로 줄이고, 진짜 전하고 싶은 말로 그 자리를 채워보자. 당신의 말이 가벼워질수록 진심은 더 또렷하게 들릴 것이다.

파라랭귀지 툴킷

습관어를 비워내는 연습법

1단계: 자신의 말 기록하기

회의나 대화의 일부를 녹음해 들어보자. 자신이 얼마나 자주 같은 단어를 쓰는지, 어떤 상황에서 그 말이 튀어나오는지 곧 알게 된다. 녹음된 자신의 목소리를 듣는 일은 불편하지만, 그 불편함이 바로 변화의 시작이다.

2단계: 말의 공백을 견디기

말이 떠오르지 않을 때 억지로 채우지 말고 한 박자 쉬는 것도 좋다. 그 짧은 침묵이 대화의 여백이 된다. 상대는 그 침묵을 어색함으로 느끼지 않는다. 오히려 진심을 준비하는 시간으로 받아들인다.

3단계: 단어 대신 감정을 정확히 전달하기

습관어는 줄이되 감정의 방향은 분명히 세운다. 마음이 또렷해지면 문장은 자연히 간결해진다.

4

눈깜빡임과 시선의 심리학

얼마 전 스피치 수업에서 한 수강생이 상담을 요청했다. 30대 중반의 직장인이었는데, 진로 고민이 많아 보였다. 조용한 카페에 마주 앉았지만 대화가 이상하게 불편했다. 그녀의 시선이 단 한 번도 내게 닿지 않았기 때문이다.

"말씀 중에 죄송한데, 혹시 저와 눈을 안 마주치고 있는 걸 아세요? 잠깐이라도 아이컨택을 해봐 주세요."

내 말에 그녀는 잠깐 고개를 들어 눈을 마주쳤지만, 1초도 되지 않아 다시 시선을 내렸다. 동시에 눈깜빡임이 부쩍 잦아졌고, 얼굴까지 붉어졌다.

"죄송해요. 눈을 마주치기가 너무 힘들어요."

그녀는 문장 하나를 말할 때마다 고개를 숙였고, 제 시선을 마주하는 순간마다 눈꺼풀이 빠르게 떨렸다.

이 수강생만의 이야기는 아니다. 학업 스트레스에 시달리는 청소년들, 발표 불안을 겪는 직장인들, 심지어 일상 대화에서도 눈 맞춤을 어려워하거나 습관처럼 눈을 깜빡이는 사람들이 생각보다 많다.

사람은 불안할 때 가장 먼저 시선으로 감정을 숨기려 한다. 눈을 자주 깜빡이거나 아래를 보는 행동은 무의식적인 방어의 형태다. 상대의 시선을 감당하기 어렵거나 마음의 긴장이 극에 달했을 때 이런 반응이 나타난다. 실제로 사회불안이 높은 사람들이 직접적인 눈 맞춤을 할 때 편도체 활성도가 급격히 증가한다는 연구 결과도 있다. 시선 맞춤이 뇌에 '위협'으로 인식되는 것이다.

아이들이 시험 기간에 눈을 자주 깜빡이는 것도 같은 이유다. 신체의 다른 부위보다 눈은 감정의 미세한 진동에 가장 먼저 반응하는 기관이

  보이지 않는 말이 관계를 완성한다

기 때문이다. 심리학에서는 이 현상을 '스트레스 유발형 눈깜빡임Stress-induced blinking'이라 부른다.

눈의 움직임은 단순한 신체 반응이 아니다. 그것은 마음의 방향이다. 시선을 피하는 사람은 말보다 감정을 숨기려 하고, 눈을 똑바로 바라보는 사람은 자신의 감정을 내어놓는 사람이다. 그러나 이 둘 사이에는 수많은 스펙트럼이 존재한다. 대화를 통해 끊임없이 그 간격을 조정한다.

시선은 가장 조용한 언어

아이컨택eye contact은 단순히 눈을 맞추는 행위가 아니다. 신뢰와 편안함을 동시에 조율하는 기술이다. 하지만 시선을 맞추는 일은 생각보다 어렵다. 상대의 눈만 똑바로 응시하면 불필요한 긴장감이 생기기 때문이다.

그래서 나는 눈을 마주치기 힘들어하는 사람들에게 '아래 삼각형 시선법'을 권한다. 상대의 왼쪽 눈과 오른쪽 눈, 그리고 인중을 잇는 작은 삼각형을 따라 시선을 옮기면 상대는 자신이 주목받고 있다고 느끼면서도 부담을 느끼지 않는다. 그리고 그 시선에는 따뜻함이 깃든다.

반대로 '위 삼각형'을 사용하면 전혀 다른 결과가 나타난다. 상대의 두 눈과 이마를 잇는 구도인데, 협상이나 리더십을 발휘해야 하는 상황에서 권위와 집중을 부여할 때 유용하다. 하지만 자칫하면 공격적인 인상으로 비칠 수 있으니 주의가 필요하다. 같은 말을 하더라도 시선이 위로 향하면 상대는 압박받는다거나 무시당하고 있다고 느낀다. 시선은 단어보다 먼저 감정을 규정한다. 위 삼각형을 반복적으로 사용하는 사람은 자신도 모르게 우월감의 언어를 구사하고 있는 셈이다.

눈깜빡임도 마찬가지다. 눈을 자주 깜빡이는 사람 옆에서는 상대가 시각적 자극에 주의를 빼앗겨 소리에 집중하지 못한다. 말의 내용이 아니라 눈의 움직임이 메시지를 대체한다. 이는 손짓이 과도한 화자와 같은 효과를 낸다. 손이 계속 움직이면 상대는 손을 쫓고, 눈이 계속 깜빡이면 그 깜빡임에 반응하느라 말 자체에 집중하지 못한다. 결국 대화는 산만해지고, 메시지의 중심이 흐려진다.

시선은 상대의 마음을 흔드는 가장 조용한 언어다. 깜빡임의 빈도, 시선의 각도, 눈동자의 머무름, 한 번의 눈빛이 수십 마디의 말보다 더 많은 것을 말할 수 있고, 한 번의 시선 회피가 오랜 신뢰를 무너뜨릴 수도 있다.

눈은 마음의 거울이다. 시선이 흔들릴 때 관계도 흔들린다. 눈이 말보다 먼저 이야기하지 않도록 마음을 먼저 안정시키는 것이 파라랭귀지의 출발이다.

눈 맞춤 자신감 훈련법

1단계: 안전한 환경에서 시작하기

가까운 가족이나 친한 친구와의 대화에서 먼저 연습한다. 편안한 관계에서는 심리적 부담이 적기 때문에 눈 맞춤이 상대적으로 쉽다.

2단계: 아래 삼각형 시선법 익히기

직접적인 눈 맞춤이 부담스럽다면 삼각형 시선법을 활용한다. 상대의 왼쪽 눈 → 오른쪽 눈 → 인중 순서로 시선을 자연스럽게 이동한다. 각 지점에서 2~3초씩 머무르며, 마치 삼각형을 그리듯 부드럽게 움직인다.

3단계: 점진적 시간 늘리기

눈 맞춤 시간을 조금씩 연장한다. 3초, 30초, 1분으로 점차 늘려간다. 중요한 것은 무리하지 않는 것이다. 불안감이 올라오면 잠시 시선을 돌렸다가 다시 돌아오면 된다.

5

당신의 거짓말이 보여요

"못 보던 옷이네. 새로 샀어?"

남편이 현관에서 나를 바라보며 물었다. 순간 가슴이 쿵 내려앉았다. 사실은 최근에 산 옷이었지만, 요즘 내가 옷을 자주 산다고 생각할까 봐 본능적으로 말을 돌렸다.

"아, 아니, 작년에도 입었던 옷인데."

입 밖으로 나온 말은 생각보다 빨랐고, 목소리는 약간 높아져 있었다. 스스로도 알아챌 만큼 불필요하게 급한 톤이었다.

남편은 잠시 내 얼굴을 바라보더니 조용히 웃었다. 아무 말도 하지 않았지만, 이미 들킨 기분이었다. 나는 속으로 중얼거렸다.

'아, 또 걸렸네.'

결혼 생활이 길어지면서 남편은 내가 거짓말을 할 때 보이는 작은 신호들을 정확히 알아차렸다. 시선을 아래로 떨구고, 말의 속도가 빨라지고, 평소보다 호흡이 짧아지는 것들. 나도 모르게 흘러나오는 파라랭귀지가 남편에게는 너무 선명한 단서가 되는 것이다.

흥미로운 건 이런 신호들은 결코 의도적인 연기가 아니라는 점이다. 마음속 죄책감이나 주저함이 고스란히 목소리의 떨림과 미세한 호흡 변화로 새어 나온다. 말은 "작년에 입은 옷이야."라고 하고 있지만, 목소리는 "새로 산 옷 맞아."라고 말하고 있다. 언어는 숨길 수 있지만, 파라랭귀지는 숨기기 어렵다는 사실을 새삼 실감하게 되는 순간이었다.

파라랭귀지로 드러나는 거짓말의 미세한 흔적

거짓말과 파라랭귀지의 관계는 생각보다 훨씬 복잡하면서도 흥미롭다.

이런 이야기를 들어본 적이 있을 것이다. 과거를 회상할 때는 시선이 오른쪽 위를 향하고, 거짓말을 꾸며낼 때는 왼쪽 위를 향한다. 한때 이 법칙은 거의 정설처럼 받아들여졌다. 그러나 문제가 있다. 모든 사람에게 이 법칙이 적용되는 것은 아니라는 점이다. 더욱이 과학적으로 검증되지 않은 오래된 속설이다. 2012년 영국 에든버러대학교의 리처드 와이즈먼 교수 연구팀은 《PLoS ONE》에 발표한 논문에서 시선 방향과 거짓 여부는 아무런 상관관계가 없다고 밝혔다. 사람마다 정보 처리의 방향이 다르기 때문이다.

이 지점에서 한 가지 짚고 넘어갈 것이 있다. 파라랭귀지로 거짓말을 포착해야 하는 이유 말이다. 단순히 상대를 의심하기 위해서가 아니다. 진실을 구별하지 못하면 잘못된 감정에 반응하게 된다. 상대가 진심이 이니라 의무감으로 "괜찮아요."라고 말했을 때 그 말을 곧이곧대로 믿으면 관계는 어긋나기 시작한다. 반대로 누군가가 서툰 말로 "괜찮아요."라고 해도, 목소리의 떨림 속에서 상처나 후회를 읽어낼 수 있다면 그 관계는 오히려 단단해진다. 결국 진실을 알아차린다는 것은 말의 내용이 아니라 감정의 방향을 바로잡는 일이다.

커뮤니케이션의 본질은 정보의 교환이 아니라 감정의 교환이다. 감정이 진심일 때 신뢰가 만들어지고, 신뢰 위에서만 진정한 대화가 이루어진다. 그래서 파라랭귀지는 '거짓을 잡아내는 기술'이 아니라 '신뢰를 지키는 감각'이다. 상대의 목소리와 표정 속에서 작은 불일치를 감지하는 것은 상대를 몰아붙이기 위해서가 아니라 그가 진짜로 하고 싶은 말을 들을 준비를 하기 위해서다.

진심이 아닌 대화는 아무리 길어도 공명을 만들지 못하지만, 진심이 담긴 한마디는 단 한 번의 눈맞춤으로도 마음을 움직인다. 파라랭귀지는 그 미세한 진동을 감지하는 우리의 안테나다.

진실은 패턴 속에 있다

파라랭귀지로 거짓말을 포착하는 핵심은 '법칙'이 아니라 '변화'를 읽는 것이다. 거짓말 탐지의 가장 중요한 원칙은 단 하나, '베이스라인Baseline'을 파악하는 것이다. 즉, 그 사람의 평소 행동 패턴을 먼저 알아야 한다는 것이다.

FBI 행동분석가 출신인 조 내버로 Joe Navarro는 그의 저서《FBI 행동의 심리학》에서 베이스라인의 중요성을 반복해서 강조한다. 그는 수사 과정에서 용의자와 처음 만났을 때 바로 질문하지 않고, 가벼운 대화로 15~20분을 보낸다고 한다. 평소 그 사람이 어떻게 말하고, 어떻게 움직이고, 어떻게 호흡하는지를 먼저 관찰하기 위해서다. 그런 후에야 민감한 질문을 던진다. 그때 평소와 다른 변화가 나타나면, 그것이 바로 거짓말의 신호일 가능성이 크다. 평소 차분하던 사람이 갑자기 말을 빨리하거나, 활발하던 사람이 갑자기 얼어붙거나, 늘 웃던 사람의 표정이 굳어지면 주의를 기울여야 한다.

거짓말을 할 때 가장 먼저 변하는 것은 목소리다. 평소보다 음높이가 상승하고, 말을 더듬거나 불필요한 멈춤이 생긴다. 말의 속도가 변하고, 문장이 매끄럽지 못하다. 동시에 얼굴을 자주 만진다. 입술, 코, 턱, 귀를 무의식적으로 만지는 것은 불안을 진정시키려는 자기 접촉 행동이다.

흥미롭게도 거짓말하는 사람은 오히려 몸의 움직임을 줄인다. 들키지 않으려 의식적으로 통제하기 때문이다. 하지만 발과 다리만큼은 예외다. 긴장은 결국 발끝으로 흐른다. 얼굴에서는 0.4초 이내로 스쳐가는 미세표정이 진짜 감정을 드러낸다. 진짜 미소는 눈이 함께 웃지만, 가짜 미소는 입만 웃는다. 마지막으로 말의 방식이 변한다. '대략' '아마' 같은 모호한 표현이 늘어나거나, 반대로 지나치게 구체적인 묘사로 진실성을 강조한다. '절대 안 했어' 같은 부정 표현이 반복되는 것도 특징이다.

물론 파라랭귀지가 만능의 거짓말 탐지기가 될 수는 없다. 목소리가 떨린다고 해서 모두 거짓말을 하는 것은 아니다. 불안, 피로, 긴장, 두려움, 부끄러움 등 다양한 감정이 같은 신호를 만들어낸다. 그렇기에 파라랭귀지를 '판단'의 도구로 삼는 것은 위험하다.

하지만 파라랭귀지는 이해의 언어로서는 탁월한 수단이 될 수 있다. 누군가의 불안한 목소리, 억눌린 웃음, 불필요한 침묵은 거짓의 증거가 아니라 마음이 흔들리고 있다는 신호이기도 하다. 우리가 듣고 있는 것은 '거짓말'이 아니라, 거짓말을 해야만 하는 마음의 상태다.

결혼 생활이 길어질수록 나는 남편의 말소리 속에서 그 마음을 더 잘 듣게 됐다. 억양 하나, 웃음의 길이 하나에도 감정의 온도가 숨어 있다. 말보다 먼저 들리는 그 작은 떨림, 그 미세한 리듬의 흔들림 속에 인간의 마음이 숨어 있다. 그리고 그 마음을 들을 줄 아는 사람만이 진짜 소통을 시작할 수 있다.

사과는 단어로 하는 게 아니다.
짧은 침묵이, 부드러운 톤이,
닫혀 있던 마음을 다시 열어 준다.
온기가 번져가는 그 순간,
관계는 다시 숨을 쉰다.

말의 결로
관계를 회복하라

1

소리로 읽는 감정의 언어

"알겠어요."

이 말을 상대로부터 들었을 때 어떤 느낌이 드는가. 짧은 한마디지만, 이처럼 다양한 해석이 가능한 말도 드물다. 납득의 뜻일 수도 있고, 귀찮아서 그냥 넘어가자는 신호일 수도 있다. 어쩌면 체념의 표현일지도 모른다. 억양이 단단하면 수긍의 말처럼 들리지만, 어미가 낮게 떨어지고 호흡이 짧다면 그것은 포기의 언어에 가깝다. 종종 이 차이를 구분하지 못한 채 말의 뜻만 듣고 상대의 의중을 짐작해야 할 때가 있다.

소통의 어려움은 대부분 오해에서 비롯된다. 체념의 표현인데 납득으로 받아들이면 대화는 수렁으로 빠진다. 상대는 사실 "이제 그만하자."는 뜻이었는데, 계속 말을 이어가다 보면 대화가 격해지고 갈등이 생긴다. 이런 어긋남은 일상 대화 곳곳에서 일어난다. 고개를 끄덕이면서도 시선이 멀어지고, 미소를 짓지만 목소리가 건조할 때 그 이면의 감정을 듣지 못한 채 대화를 이어간다. 말은 맞지만, 마음은 멀어져 있는 상태다.

결국 소통의 진짜 어려움은 '표현'이 아니라 '해석'에 있다. 같은 말을 듣고도 누군가는 위로를 느끼고, 누군가는 상처받는다. 그 차이를 만드는 것은 단어가 아니라 목소리의 높낮이, 속도, 호흡, 그리고 잠깐의 침묵이다. 말의 의미는 머리로 전달되지만, 말의 결은 마음으로 전달된다. 그래서 상대의 단어가 아닌 결을 들어야 한다. 상대의 파라랭귀지를 해독할 수 있을 때, 비로소 대화는 오해를 벗어나 진짜 소통이 된다.

지금까지 자신의 파라랭귀지를 점검해왔다. 내가 어떤 목소리로 말하는지, 내 말의 온도와 속도가 상대에게 어떤 인상을 남기는지를 돌아봤다. 하지만 진정한 소통의 시작은 나에게 있지 않다. 상대의 마음, 진심, 의도를 이해하려는 그 한 걸음에서 시작된다.

파라랭귀지는 진심을 해독하는 열쇠

한국어는 유난히 간접화법이 발달한 언어다. "그건 좀 그렇네요." "생각해볼게요." "괜찮아요." 이런 표현 속에는 진짜 뜻이 숨어 있다. 직설적이지 않기 때문에 언뜻 들으면 부드럽지만, 듣는 사람 입장에서는 혼란스럽다. 이때 도움이 되는 것이 바로 파라랭귀지다. 단어는 애매할지라도 억양과 호흡, 침묵의 길이는 진심을 드러낸다. "그건 좀…" 하고 말을 흐릴 때 그 짧은 쉼에는 이미 부정의 신호가 들어 있다. 시선을 맞추지 않고 "괜찮아요~"라고 하면 대체로 괜찮지 않다는 뜻이다. 말의 내용이 아니라 리듬과 숨으로 감정을 해독해야 하는 이유가 여기에 있다. 이런 미묘한 차이를 감지하려면 귀로만 들어서는 부족하다. 상대의 목소리를 귀로 듣되, 눈으로도 들어야 한다.

어떤 사람들은 감정을 숨기려 애쓴다. 감정이 드러나면 약해 보인다고 믿기 때문이다. 그래서 그들의 말은 늘 일정한 톤으로 평평하게 흘러간다. 화가 나도, 슬퍼도, 기뻐도 목소리의 온도는 거의 변하지 않는다. 그러나 주의 깊게 들어보면 그 균일한 소리 속에도 미세한 흔들림이 존재한다. 문장 끝의 길이, 호흡의 템포, 잠깐의 쉼이 그것이다. 파라랭귀지는 그 미묘한 차이를 통해 진짜 감정을 드러낸다.

가령 상사가 차분한 목소리로 "그건 다음에 다시 검토하죠."라고 말했을 때, 속도가 평소보다 약간 빠르고 숨을 들이쉬는 간격이 짧다면 사실상 '지금은 받아들일 생각이 없다'는 의미일 수 있다. 반대로 감정이 억눌린 목소리라도 문장 끝이 부드럽게 풀리면 '아직 대화의 여지가 있다'는 신호다. 파라랭귀지를 통해 들으면 메시지의 결이 완전히 다르게 다가온다.

말이 단조롭다고 해서 감정이 없는 것은 아니다. 오히려 그 안에 감정이 압축되어 있을 때가 많다. 듣는 사람은 그 압축된 신호를 풀어 읽어야 한다. 무표정한 말투 속에도 억눌린 감정이 있고, 침착한 목소리 뒤에도 미세한 불안이 숨어 있다. 그것을 감지하는 순간 상대의 말을 '듣는 것'을 넘어 '이해하는 것'으로 나아간다.

'싫다'고 말하지 못하는 사람, '아니오'를 입 밖으로 내지 못하는 사람의 말에는 공통된 신호가 있다. 문장 끝을 흐리거나 어미가 올라가거나 숨이 짧게 끊어진다. 이때 파라랭귀지는 진심을 드러내는 유일한 창이다. 그래서 듣는 사람의 감지력이 중요하다. 상대의 말을 곧이곧대로 받아들이지 않고, 그 속에 깃든 미묘한 결을 읽어내는 능력. 그것이 진짜 소통의 시작이다.

'따라 말하기'로 마음을 읽다

당연히 진심이 담긴 공감이 필요하다. 하지만 그것만으로는 상대의 마음을 잘 읽지 못하겠다면 그 사람의 표정이나 호흡, 말투를 따라 해 보면 된다. 심리학에서는 상대의 표정과 말투, 몸짓을 무의식적으로 따라 하며 감정적으로 공명하는 현상을 '공감적 미러링empathic mirroring'이라한다. 이는 거울신경mirror neurons의 작용과 관련된 감정 공감 메커니즘으로, 상대의 감정을 몸으로 느끼는 과정이다. 즉, 상대의 파라랭귀지를 따라 하다 보면 어느새 그 감정이 내 안으로 들어오게 된다. 그 순간 비로소 이해가 아닌 '공명'을 경험한다. 공감이란 결국 같은 진동수로 맞춰지는 일이다.

예를 들어 누군가가 "알아서 할게요."라고 말하며 웃었지만, 그 웃음이 눈에 닿지 않았다고 해보자. 그 말을 그대로 따라 해본다. 억양이 짧게 끊기고, 마지막 음절이 살짝 올라가며 시선을 아래로 내리깔아 본다. 그 순간 가슴에도 묘한 거리감이 생긴다. 단어는 자율과 여유를 말하지만, 목소리는 이미 경계와 단절을 말하고 있다. 반대로 같은 문장을 천천히, 숨을 고르며, 시선을 마주한 채 낮은 톤으로 말하면 '책임질게요'라는 의지로 바뀐다. 단어는 같지만, 파라랭귀지가 다르면 마음의 방향도 달라진다.

혹은 어떤 동료가 회의가 끝난 뒤 "수고하셨어요."라며 고개를 살짝 숙였다고 해보자. 그 말을 따라 해보면 곧 알 수 있다. 억양이 평평하고 속도가 빠르면 그것은 의례적인 인사에 불과하지만, 어미가 길게 내려 앉고 숨이 조금 느려지면 진심 어린 존중이 느껴진다. 짧은 한마디 속에도 목소리의 온도, 침묵의 길이, 눈빛의 떨림이 다 들어 있다.

이처럼 파라랭귀지를 따라 해보는 일은 단순히 말투를 흉내 내는 것이 아니다. 상대의 감정을 '들어보는' 연습이다. 말의 높낮이, 속도, 리듬, 그리고 눈빛이 만드는 미세한 파장을 따라가면, 그 사람의 마음이 어떤 상태인지 몸으로 느낄 수 있다. 이것이 바로 공감적 미러링이며, 우리가 상대의 감정에 공명하는 가장 원초적인 방식이다.

2

관계를 회복하는 사과의 기술

사람 사이에 감정을 주고받는 방식에는 여러 층위가 있다. 기쁨을 나눌 때는 축하가 필요하고, 실망을 마주할 때는 위로가 필요하다. 그중에서도 관계를 오래 이어가고 싶을 때 반드시 통과해야 하는 장면이 하나 있다. 바로 사과해야 하는 순간이다. 잘못을 인정하고 "미안하다."라고 말하는 일은 어쩌면 우리가 할 수 있는 감정 표현 가운데 용기가 가장 많이 필요한 행동일지 모른다.

그래서일까. 누구나 사과의 중요성은 알고 있지만, 정작 사과를 잘하는 사람은 많지 않다. 말로는 사과를 했는데도 상대가 더 상처받는 경우가 있고, 서툰 말인데도 오랫동안 마음에 남는 사과도 있다. 같은 "죄송합니다"인데도 어떤 말은 가식으로 들리고, 어떤 말은 진심으로 들린다. 이 차이는 어디에서 생길까.

용서받는 사과 vs 용서받지 못하는 사과

2014년 겨울, 세간을 떠들썩하게 한 사건이 있었다. 뉴욕 JFK공항에서 인천으로 향하던 항공기가 한 승객의 항의로 46분 늦게 이륙한 사건이었다. 해당 항공사의 2세 경영인이 승무원에게 견과류를 봉지째 제공한 것을 문제 삼아 해당 승무원과 사무장까지 무릎을 꿇게 했던, 이른바 '땅콩 회항' 사건이다.

사건 발생 후 대한항공은 두 번의 공식 발표를 했다. 첫 번째 발표에선 '사무장이 잘못해 당연한 지적을 했고 회항이 위험하지도 않았다'는 내용이었다. 여론이 악화하자 일주일 뒤 일간지에 광고 형태로 '잘못했다'는 취지의 사과문을 냈지만, 사과의 주체나 사과 대상, 사과 이유가 들어 있지 않아 여론은 더 나빠졌다.

여론이 가라앉지 않자 결국 사건의 당사자가 카메라 앞에 섰다. 하지만 그녀의 태도는 여론을 잠재우기는커녕 더 악화시켰다. 고개도 들지 않고 준비된 문장을 빠르게 읽어 내려갔다. 문장의 끝은 짧게 끊겼다. 누가 봐도 억지로 끌려 나와 진심에도 없는 절차상의 '해야 하는 말'을 빠르게 처리하는 모양새였다. 여론의 압박에 밀려 어쩔 수 없이 나온 사과라는 느낌이 화면을 통해 그대로 전달됐다. 대중은 바보가 아니다. 사람들은 이 어긋남을 정확하게 느낀다.

이와는 대조적으로 진심에 가까운 사과가 어떤 모습인지 보여주는 장면이 있다. 2018년 미국 필라델피아의 한 스타벅스 매장에서 흑인 고객 두 명이 근거 없이 경찰에 연행되는 사건이 발생했다. 사건이 일파만파 퍼지자 CEO인 케빈 존슨은 즉시 현장으로 향했다. 피해 당사자들을 직접 만나 사과했고, 이어서 공식 성명을 발표하며 "우리가 잘못했다(We were wrong)."라는 단정적인 문장을 명확히 내걸었다. 하루 동안 미국 내 매장을 전면 폐점하고 8,000개 매장 직원 17만 명에게 인종차별 예방 교육을 실시하겠다는 결정도 그 사과의 연장선이었다.

이 사과가 이후로도 자주 회자되는 이유는 단지 빠른 대응 때문만이 아니다. 존슨의 사과 장면은 파라랭귀지의 교과서처럼 남았다. 그의 목소리는 평소 인터뷰에서 보여주던 빠른 템포가 아니었다. 말의 속도가 늦춰져 있었고, 문장 사이의 호흡이 묵직하게 가라앉아 있었다. 문장 끝은 단호하게 닫히지 않고, 마치 상대의 반응을 기다리는 듯 열린 형태로 흘러갔다. 그의 목소리에서는 '실수에 대한 부끄러움'과 '책임을 짊어지려는 태도'가 함께 묻어났다. 사람들은 이 진동을 가식으로 듣지 않았다. 이것이 파라랭귀지의 힘이다.

두 사례를 보면 분명한 차이가 있다. 대한항공의 사과는 말을 했지만 타이밍을 놓쳤고, 사과의 주체가 흐려졌고, 사과의 내용이 구체적이지 않았으며, 무엇보다 소리가 책임을 향해 있지 않았다. 반대로 스타벅스는 빠르고 명확했고, 사과가 향해야 하는 방향을 잃지 않았으며, 말보다 행동으로 책임을 입증했다.

사과했는데 왜?

"뭘 잘못했다는 거야?"

사과를 했는데도 상대에게서 이런 말을 들었을 때 마음이 멈칫하는 경험은 누구에게나 있을 것이다. 특히 연인 사이에서는 이 말이 더 자주 등장한다. 사과한 사람은 자신이 충분히 사과했다고 생각하지만, 듣는 사람은 그 말이 무엇을 인정한 것인지, 어떤 감정을 건드린 것인지 전혀 알 수 없다고 느끼는 순간이다. 겉으로는 사과가 끝난 것 같아도 사실은 이제 막 갈등의 본론이 시작되는 지점이기도 하다.

왜 이런 일이 생길까. 사과는 했지만 사과의 방향은 비어 있을 때 발생한다. 상대는 "미안해."를 듣고 싶은 것이 아니다. 그 문장이 어디를 향해 가고 있는지, 감정의 어느 부분을 쓰다듬고 있는지를 느끼고 싶어 한다.

말뿐인 사과는 감정의 상처를 어루만지지 못한다. 상대는 말보다 먼저 호흡과 속도를 듣는다. "미안해."라는 말이 아무 설명 없이 서둘러 입에서 나왔다면 상대는 대화를 마무리하려는 회피로 해석한다. 끝음을 끌면서 "미안해에에에."라고 말하면 상대는 자신의 속좁음이나 예민함을 지적받는 것으로 받아들인다.

상대가 원하는 것은 설명이 아니라 감정의 수용이다.

"미안해. 너를 무시하려던 건 아니었어."

"미안해. 내 말투가 너무 거칠었어."

이런 문장들에는 잘못의 항목을 나열하진 않지만, 상대의 감정을 중심에 놓는 진심이 담겨 있다. 감정이 중심에 놓인 사과는 단어를 적게 써도 말의 리듬이 자연스럽게 상대 쪽으로 기울게 된다.

사과는 기술이 필요하지만, 기술보다 먼저 진심 어린 사과의 '마음'이 전제되어야 한다. 말은 꾸밀 수 있지만 소리는 꾸미기 어렵다. 그래서 사과의 순간에는 마음의 방향이 소리를 통해 모두 드러난다. 그리고 진심이 담긴 소리는 언제나 천천히, 부드럽게, 상대의 감정 속도로 내려앉는다. 그 내려앉음이 관계를 다시 움직이게 하는 첫 번째 신호다.

그래서 사과의 기술은 마음의 온도를 조절하는 기술에 가깝다. 마음이 급해지면 소리는 가벼워지고, 마음이 방어적이면 말은 빨라지고, 마음이 닫히면 침묵이 사라진다. 반대로 마음이 열린 사람은 말의 속도를 줄이고, 호흡을 깊게 가져가고, 문장 끝에 작은 여백을 남긴다. 이것이 사과의 음성적 문법이다.

파라랭귀지 툴킷

사과에 진심을 담는 훈련법

1단계: 속도 줄이기

사과의 첫 순간은 말보다 호흡이 더 중요하다. "미안해."라는 말이 너무 빨리 튀어나오면 상대는 대화를 끝내고 싶어 한다고 느낀다. 사과하기 전, 1초만 숨을 들이마시고 천천히 내쉬어라. 이 짧은 동작 하나가 말의 속도를 안정시키고 감정의 방향을 다시 잡아준다.

2단계: 감정을 한 문장으로 정리하기

뭘 잘못했는지 길게 설명하기보다, 상대의 감정을 한 문장으로 정확히 건드리는 것이 더 효과적이다. "그 말투가 상처였지." "그 상황에서 내가 너를 난처하게 만들었어." 이 한 문장이 사과의 중심을 잡아준다. 감정이 수용되면 설명이 따로 필요 없다.

3단계: 끝을 닫지 말고 여백 두기

사과 문장의 끝을 짧게 끊으면 책임 회피처럼 들린다. "미안해." 하고 어미를 탁 닫아버리면 그 즉시 대화의 문도 함께 닫힌다. 사과할 때는 문장 끝을 부드럽게 낮추고 1~2초 정도 침묵을 남겨두어라. 그 침묵이 상대에게 "네 감정을 듣고 싶다."는 신호가 된다.

4단계: 작은 행동 계획을 덧붙이기

사과는 말로 끝나는 행위가 아니다. 그 말이 향하는 방향을 보여주는 것이 더 중요하다. "다음에는 이렇게 말하지 않을게." "내가 먼저 확인할게." 사과 뒤에 작은 행동 하나라도 약속하면, 목소리의 진심은 행동의 신뢰로 이어진다.

   보이지 않는 말이 관계를 완성한다

3

소통의 윤활유, 쿠션어

지난 연말 서점에서 다이어리를 한 권 샀다. 결제할 때는 몰랐는데, 집에 와서 보니 표지가 살짝 오염되어 있었다. 1년 동안 쓸 다이어리라서 며칠 후 매장을 다시 찾아가 점원에게 조심스럽게 물었다.

"표지에 오염이 있는데, 교환 가능할까요?"

점원은 내 얼굴을 잠시 본 뒤 짧게 대답했다.

"그건 교환이 안 됩니다."
"구매 후 사용하지 않았는데 왜 교환이 안 될까요?"

점원은 내 얼굴을 쳐다보지도 않고 귀찮은 듯 말했다.

"재고가 없습니다. 지금은 환불 처리밖에 안 됩니다."

점원의 말에 틀린 내용은 없었다. 사실을 그대로 전달했을 뿐이다. 그러나 그 순간 마음 한쪽이 묘하게 불편해졌다. 점원의 말이 '설명'이 아니라 '단절'로 느껴졌기 때문이다. 말은 옳았지만, 말의 결이 차가웠다. 그 짧은 문장 안에는 '더는 대화할 여지가 없다'는 무언의 신호가 들어 있었다.

얼마 전 비슷한 일이 또 있었다. 의류매장에서 재킷을 샀는데, 집에 와서 입어 보니 사이즈가 조금 컸다. 다음 날 매장으로 찾아가 교환을 요청했다. 이번에는 전혀 다른 반응이 돌아왔다.

"고객님, 죄송하지만 이 상품은 전국적으로 품절이라 교환이 조금 어려울 것 같습니다."
"정말요? 그럼 어떻게 해야 할까요?"
직원은 미안한 표정을 지으며 말했다.

     보이지 않는 말이 관계를 완성한다

"아쉬우시겠지만, 혹시 환불로 도와드려도 괜찮을까요?"

서점에서와 말의 내용은 똑같았다. 교환이 안 되니 환불해야 한다는 사실에는 변함이 없었다. 그런데 이번에는 전혀 기분이 나쁘지 않았다. 오히려 미안해하는 직원에게 내가 더 미안할 지경이었다. 속으로 '피팅할 때 조금 더 신중했어야 했는데'라는 자책까지 들었다.

왜 그랬을까. 이유는 단순했다. "조금 어려울 것 같습니다." "혹시 괜찮으실까요?" 같은 표현이 문장에 여백을 만들고 마음의 완충 공간을 열어 주었기 때문이다. 서점 직원과 의류매장 직원의 말은 사실상 같은 정보를 담고 있었다. 그러나 하나는 벽이 되었고, 다른 하나는 다리가 되었다. 그 차이는 단어의 뜻이 아니라 소리의 결, 그리고 그 안에 스며든 '쿠션어 cushion word'에 있었다.

말의 충돌을 막는 완충 장치

쿠션어는 직설을 부드럽게 만드는 언어적 완충 장치다. "죄송하지만"

"실례지만" "혹시 괜찮으시다면" "가능하시면" 같은 본론 전 쿠션부터, "~해주시면 감사하겠습니다" "~하면 어떨까요?" 같은 완곡한 표현까지 모두 포함된다.

이런 말들은 문장의 논리를 바꾸지 않으면서 정서적 충돌을 완화한다. 사회언어학자 페넬로프 브라운과 스티븐 레빈슨은 《Politeness: Some Universals in Language Usage》(1987)에서 '체면 이론'을 제시했는데, 인간에게는 인정받고 싶어 하는 '긍정적 체면'과 간섭받지 않으려는 '부정적 체면'이 공존한다고 설명한다. 쿠션어는 이 두 가지 체면을 동시에 보호한다. "죄송하지만"은 상대의 시간과 공간을 존중한다는 신호이고, "~인 것 같아요"는 판단을 강요하지 않겠다는 의사이며, "혹시"는 거절할 자유를 열어둔다.

한국 사회에서는 이 여지가 특히 중요하다. '정情'과 '눈치'로 상징되는 고맥락high-context 문화에서는 명시적 언어보다 암묵적 신호가 더 큰 의미를 갖는다. "혹시 시간 괜찮으세요?" "잠깐 말씀드려도 될까요?" 같은 말은 단순한 예의를 넘어 상대의 심리적 공간을 존중하는 코드로 작동한다. 반대로 "시간 좀 내세요." "지금 얘기하죠."는 순간적으로 대화의 문을 닫는다. 쿠션어가 없는 말은 정보를 정확히 전달해도 감정을 지켜 내지 못한다. 반대로 쿠션어는 상대의 방어벽을 낮추어, 공격받는 느낌 없이 메시지를 받아들이게 만든다.

직선의 언어와 곡선의 언어

쿠션어의 힘은 생각보다 강력하다. 같은 내용이라도 어떻게 포장하느냐에 따라 반응은 180도 달라진다.

"창문 좀 닫아." vs "미안한데, 창문 좀 닫아줄래?"

"이거 틀렸어." vs "내 생각엔 이 부분이 조금 다른 것 같은데, 확인해 볼래?"

"그건 안 돼." vs "그 방법도 좋지만, 혹시 이렇게 하면 어떨까?"

앞의 문장들은 명령, 지적, 거절로 들리고, 뒤의 문장들은 요청, 제안, 대안이 된다. 내용은 같아도 듣는 사람의 감정은 완전히 다르다. 파라 랭귀지 관점에서 쿠션어는 '음성적 여백'의 언어다. 직선이 아니라 곡선의 언어인 셈이다.

쿠션어는 특히 민감하거나 갈등의 순간일수록 그 진가가 드러난다. 부부 싸움, 동료와의 의견 충돌, 상사와의 마찰처럼 감정이 격해진 순간일수록 쿠션어의 역살이 크다. "당신이 틀렸어."보다 "내가 보기엔 이렇게 생각되는데, 당신 생각은 어때?"가 대화를 이어준다. 한 문장의 쿠션어가 관계의 파국을 막는 순간이다.

특히 권력 관계에서는 쿠션어가 더욱 빛을 발한다. 상사가 부하직원에게, 선배가 후배에게, 부모가 자녀에게 말할 때 권력이 쏠린 위치에서 쿠션어는 권위를 온화하게 사용하는 지혜가 된다. 위에서 아래로 내려가는 말일수록 부드러움이 필요하다. 도움을 청할 때, 양해를 구할 때, 시간을 요구할 때도 마찬가지다. 상대의 선택을 존중하는 쿠션어는 거절 확률을 낮추고 협조 가능성을 높인다. 그리고 처음 만나는 관계에서 쿠션어는 첫인상을 결정한다. 자연스럽게 쿠션어를 사용하는 사람은 배려 깊고 성숙한 사람으로 각인된다.

언어학자 데보라 태넌Deborah Tannen이 말했듯 대화는 "관계의 무대 위

　　　　　　　　　보이지 않는 말이 관계를 완성한다

에서 벌어지는 협상"이다. 상대의 자존심을 건드리지 않으면서 의견을 전달하는 능력, 그것이 바로 성숙한 커뮤니케이션이다. 쿠션어는 그 협상 테이블 위에 깔린 부드러운 천과 같다.

쿠션어는 자기주장이 약한 사람의 언어가 아니다. 오히려 강한 의사를 관계 안에서 효과적으로 전달하는 기술이다. 직설은 빠르지만 오래 남지 않는다. 부드러운 말은 느리지만 깊이 스며든다. "조금만 더 생각해 볼게요."라는 한마디는 거절이지만 문을 닫지 않는다. 그것이 성숙한 커뮤니케이션의 결이다.

관계를 부드럽게 만드는 쿠션어 활용법

1단계: 상대의 의도 점검하기

쿠션어는 상대를 위한 장치다. '예쁘게 보이기'가 아니라 '배려'를 전제로 한다. 말하기 전에 이 말이 상대에게 어떤 감정으로 들릴지 마음속으로 시뮬레이션한다.

2단계: 문장의 모서리를 둥글게 다듬기

단호한 표현 앞에 '조금만' '혹시' '한번' 같은 단어를 얹으면 말의 결이 달라진다.

예 "다시 하세요." → "한 번만 더 해볼까요?"

3단계: 속도를 늦추기

빠른 속도는 직설을 강조한다. 쿠션어를 쓸 때는 호흡을 한 박자 늦춘다. 말의 리듬이 부드러워질수록 감정의 완충 효과가 커진다.

4단계: 문장 끝을 열어두기

억양을 살짝 올리거나 어미를 제안형으로 둔다. 단정이 아닌 선택지를 남기면 대화의 문이 열린다. 예 "~하는 건 어떨까?" "~해볼 수 있을까?"

5단계: 진심을 실어 말하기

형식적인 쿠션어는 역효과를 낸다. 억양과 표정이 굳어 있으면 가식으로 들린다. 내면의 배려가 소리의 결로 스며들 때 쿠션어는 힘을 얻는다.

4

말의 완충이 지나칠 때

"저, 혹시 괜찮으시다면… 제 생각에는 이 반이 조금 더 확장되면 좋을 것 같기는 한데… 어떠실까요?"

스피치학원을 운영할 당시 개인 컨설팅을 의뢰받고 상담 현장을 참관하던 중이었다. 미술학원 원장이었던 의뢰인이 아이들이나 학부모를 상대로 어떤 말투로 설명하고 안내하는지 실제 상황에서 확인하기 위해서였다. 그런데 원장의 첫 한마디가 나오자마자 그의 말이 지닌 특유의 흐릿함이 단번에 귀에 들어왔다. "혹시" "괜찮으시다면" "좋을 것 같기는 한데" 같은 완곡한 표현들이 문장 앞뒤에 겹겹이 붙어 있었다.

그날 나는 그의 상담 현장을 옆에서 조용히 지켜보았다. 학부모가 질문을 던질 때마다 그의 설명은 결론으로 단단하게 떨어지지 못했다. 정보는 충분했으나 말의 결이 흐릿해져 메시지가 힘을 잃고 있었다.

학부모 상담회가 끝난 뒤 그에게 조심스럽게 내 의견을 전달했다.

"내용엔 전혀 문제가 없었어요. 조심스럽게 이야기하는 게 나쁜 건 아니에요. 하지만 지나치면 메시지가 묻혀요. 뭘 말하고 싶은지보다 얼마나 불안한지만 보이거든요."

그날 이후 나는 그의 스피치 패턴을 정밀하게 분석해 맞춤형 교육 프로그램을 만들었다. 우선 문장의 불필요한 쿠션어를 줄이고, 핵심 결론을 앞에 두는 연습부터 시작했다. 어미의 흐릿한 끝맺음을 교정하고, 학부모 상담 상황에서 필요한 톤과 리듬을 실제 상황과 유사하게 반복 훈련했다. 쿠션어가 줄어든 것만으로도 그의 문장에 힘이 생기고, 설명의 결이 단단해졌다.

        보이지 않는 말이 관계를 완성한다

부드러움이 진심을 삼킬 때

"죄송한데요, 혹시 잠깐 시간 괜찮으실까요?"

"이건 제 개인적인 의견이긴 한데요…"

"물론 다들 바쁘시겠지만요…"

회사에서, 모임에서, 심지어 친구와의 대화에서도 이런 문장들을 하루에도 몇 번씩 듣는다. 조심스러움은 미덕이지만, 조심스러움이 지나치면 결국 진심이 희미해진다. 쿠션어는 본래 말을 부드럽게 완화하는 언어적 완충 장치이자 상대의 기분을 배려하고, 감정의 마찰을 줄이는 데 필요한 언어적 윤활유다. 그러나 쿠션어가 문장의 앞뒤를 감싸기 시작하면, 대화는 마치 스펀지 위를 걷는 것처럼 공중에 붕 뜬다.

스피치 학원에서 학부모 상담을 하던 시절, 나 역시 쿠션어를 과도하게 썼다. "아마도" "혹시" "괜찮으시다면"으로 문장을 시작했고, 끝에는 "물론 더 좋은 방법이 있겠지만요."로 마무리했다. 그 결과, 내 설명은 친절했지만 신뢰는 얻지 못했다. 상대는 '이 사람은 확신이 없구나' '결정을 미루는구나'라고 느꼈다. 그때 깨달았다. 배려의 언어가 언제나 신뢰의 언어는 아니라는 사실을.

쿠션어는 관계를 부드럽게 만들지만, 지나치면 독이 된다. 적당한 쿠션은 충격을 흡수하지만, 너무 두꺼운 쿠션은 땅을 딛는 감각을 잃게 만든다. 과도한 쿠션어 역시 마찬가지다. 말하는 사람의 진정성과 확신을 흐릿하게 만들고, 듣는 사람에게는 불안과 우유부단함으로 전달된다.

언어의 온도는 균형 위에 있다. 너무 차가우면 상처를 남기지만, 너무 따뜻하면 모호해진다. 쿠션어의 핵심은 '얼마나'가 아니라 '언제' 사용하느냐다. 필요할 때는 부드럽게, 하지만 결정의 순간에는 단단해야 한다. 말의 온도가 일정하게 따뜻하기만 하면 오히려 감정의 결이 흐려지고, 대화의 중심이 사라진다.

과잉 반응이 만든 공감의 빈자리

"진짜요?" "정말?" "헐, 대박!" "와, 그랬어요?"
이런 추임새도 마찬가지다. 이런 추임새를 자주 사용하는 사람들은

 보이지 않는 말이 관계를 완성한다

대화의 반응 속도를 빠르게 유지하지만, '의미의 깊이'는 잃어버리곤 한다. 추임새는 원래 공감의 표시이자 대화의 리듬을 살리는 장치지만, 그것이 '습관적 반사'로 바뀌면 진심 대신 자동응답기가 말을 대신한다. 상대가 "어제 어머니가 많이 편찮으셨어요."라고 말했는데 "진짜요?"라는 반응이 나온다면, 그것은 공감이 아니라 무심한 반사작용이다. 공감의 리듬은 곧 감정의 깊이다. "진짜요?" 대신 "걱정이 많겠어요."라는 한마디로도 충분하다.

스피치 수업에서 만난 한 대학생이 떠오른다. 그는 발표 도중 "진짜요?" "맞아요!"를 무의식적으로 연발했다. 관심이 많고 반응이 좋은 학생이었지만, 그 말들이 쌓일수록 메시지는 산만해졌다. 발표가 끝난 뒤 내가 물었다.

"왜 그렇게 '진짜요?'를 자주 말했어요?"
그는 잠시 생각하다가 대답했다.
"조용하면 불안해서요. 계속 뭔가 말해야 할 것 같았거든요."

그의 말속에는 중요한 단서가 들어있다. 추임새는 종종 불안의 언어라는 사실이다. 침묵이 어색하고, 공백이 무섭기 때문에 말의 틈을 채우려 한다. 그러나 그 틈이야말로 감정이 숨 쉬는 공간이다.

말에는 여백이 필요하다. 여백은 상대의 감정이 머물 자리를 마련해 준다. "정말요?" 한마디 대신 고개를 천천히 끄덕이는 것이 때로는 훨씬 깊은 공감의 표현이 된다.

같은 부드러움, 다른 온도

2018년 미국 상원 청문회에 출석한 메타(구 페이스북) 창업자 마크 저커버그는 거의 모든 답변을 "의원님, 생각에는(Senator, I think…)"으로 시작했다. 영어에서 "I think"는 의견을 완화하고 공격성을 줄이는 대표적인 완충어다. 하지만 그가 이 표현을 반복할수록 말은 부드러워지지 않고 오히려 모호해졌다. 상원의원들은 그의 답변이 지나치게 조심스럽다고 지적했고, 언론은 "명확한 입장을 피하는 사람"이라고 비판했다. 쿠션어가 책임의 방패로 작용한 순간이었다. 이 장면은 한 가지 사실을 일깨운다. 조심스러운 언어는 때때로 신뢰를 무너뜨린다. 공손함은 관

   보이지 않는 말이 관계를 완성한다

계를 지키지만, 모호함은 신뢰를 잃게 만든다.

반대로 같은 언어의 부드러움을 맥락에 맞게 사용하는 사람도 있다. 피겨 여왕 김연아는 공식 기자회견에서 단정하고 간결한 어조로 감정보다 사실을 우선해 말한다. "이번 경기는 만족스럽습니다." "실수를 줄이는 게 목표였습니다." 이런 표현에는 불필요한 완충이 없다. 대신 예능 프로그램이나 팬 인터뷰에서는 "진짜요?" "정말 감사합니다." 같은 추임새와 감탄사를 자연스럽게 섞는다. 쿠션어를 적재적소에 사용함으로써 그녀의 언어는 공식 석상에서는 단단하고, 일상에서는 따뜻하다. 같은 사람의 말인데도 상황이 바뀌면 온도가 달라진다. 쿠션어의 핵심은 맥락이다. 언제 그것을 쓰느냐가 얼마나 쓰느냐보다 훨씬 중요하다.

사람은 결국 목소리로 기억된다.
그 울림 속에 철학이 담기고,
그 여운 속에 품격이 남는다.

목소리로 완성하는
퍼스널 브랜딩

1

당신의 목소리가 곧 당신이다

"오랜만이네요. 목소리가 많이 변하셨는데요."

몇 달 전, 통신사 대리점에 볼일이 있어 방문했을 때 상담창구 직원이 내게 건넨 말이었다. 나는 잠시 멈칫했다. 처음 보는 사람인데 내 목소리를 기억하다니.

그는 내 얼굴을 잠시 바라보더니 이렇게 말했다.

"삼성에서 근무하지 않으셨어요? 직업상 제가 사람을 목소리로 기억합니다."

그 말을 듣는 순간, 등골이 서늘해졌다. 나는 그에게 몇 마디 건넨 게 전부였다. 그런데 그는 그 몇 마디 말로 15년이라는 시간을 거슬러 나

보이지 않는 말이 관계를 완성한다

를 알아봤다. 놀라움과 함께 묘한 전율이 밀려왔다.

나는 그에게 물었다.

"제 목소리가 그렇게 변했나요?"

그는 미소를 지으며 고개를 끄덕였다.

"훨씬 안정적이고, 편안해지셨어요. 그리고 더 우아해지셨는데요."

이 짧은 대답이 이상하게 마음에 오래 남았다. 그가 들은 것은 내 목소리였지만, 어쩌면 내 지난 시간이었는지도 모르겠다. 목소리가 변했다는 건 결국 내가 변했다는 뜻일 테니까.

목소리는 보이지 않는 얼굴

내 목소리가 변한 데에는 그만한 계기가 있었다. 15년 전, 삼성전자에서 일할 때 인연을 맺게 된 이근면 전 초대 인사혁신처장은 나의 오랜 목소리 스승이다. 나는 그분을 통해 처음으로 '목소리에도 품격이 있다'는 사실을 배웠다. "사람은 목소리로 드러난다."는 그분의 말을 처음엔 단순한 격언으로 들었다. 하지만 어느 날 면접장에서 그 의미가 무엇인지를 정확하게 깨달았다.

그날 그분은 면접위원으로 앉아 있었고 나는 참관인 자격으로 지켜볼 기회를 얻었다. 그런데 그분은 지원자가 들어와 의자에 앉았는데도 그들의 얼굴을 보지도 않고 질문을 던졌다. 나는 이상했다. 표정을 보지 않고 사람을 어떻게 평가할 수 있을까.

면접이 끝난 뒤 조심스럽게 물었다.
"왜 지원자 얼굴을 보지 않으셨습니까?"
그분은 짧게 대답했다.
"목소리에 그 사람이 다 들어있거든요. 목소리는 거짓말을 하지 않아요."

이 한마디는 내 사고의 중심을 뒤흔들었다. 목소리는 단순히 듣기 좋고 나쁨의 문제가 아니다. 그 사람의 내면, 성격, 태도까지 고스란히 드

   보이지 않는 말이 관계를 완성한다

러나는 투명한 창이다. 면접장에서 지원자가 아무리 준비한 답변을 내놓아도 목소리가 떨리면 불안은 금방 들통나기 마련이다. 자신감 넘치는 표정을 지어도 목소리가 잦아들면 확신이 없다는 것이 드러난다.

나는 그날 이후 사람의 목소리를 '데이터'가 아닌 '인격의 흔적'으로 보기 시작했다. 목소리는 이력서보다 솔직하고, 표정보다 정확하며, 그 사람의 내면을 가장 먼저 증명하는 언어였다. 목소리는 가장 정직한 파라랭귀지였다.

스승은 그 후로도 오랫동안 나를 지켜보며 조언해주었다. 그분의 코칭은 가혹했지만 정직했다.

"말을 좀 덜 해도 돼요. 말하기보다 상대의 말을 먼저 들어보는 건 어떨까요."

"목소리가 너무 높아요. 그러면 듣는 사람이 금방 피곤해져요."

"고개를 너무 많이 끄덕이는 거 알아요? 다섯 번 끄덕일 걸 한 번만 해봐요. 그렇게 하면 한결 여유로워 보여요."

처음엔 그분의 말들이 불편했다. 하지만 그분은 늘 스스로 '목소리의 힘'을 보여주었다. 말할 때마다 주변 공기를 바꿨다. 낮은 톤의 울림은 깊고 묵직하게 번졌고, 한 문장과 다음 문장 사이에는 짧은 침묵이 있었다. 그 침묵이 오히려 설득력을 만들었다. 목소리 하나로 공간을 장악하는 사람이었다. 나는 그분을 보며 깨달았다. 목소리란 단지 소리가 아니라 '존재의 파장'이라는 것을.

돌이켜보면, 내 목소리에는 언제나 조급함이 깃들어 있었다. 말을 빨리 끝내야 할 것 같았고, 상대를 설득해야 한다는 압박도 있었다. 목소리는 크고 단단했지만 안정적이지 않았다. 그것이 나의 파라랭귀지였고, 그것이 곧 내 존재의 결이었다.

나는 스승의 조언을 조금씩 실천했다. 목소리를 낮추자 대화가 안정됐다. 말의 속도를 늦추자 상대가 보였다. 고개를 덜 끄덕이니 대화가 정제됐다. 그렇게 한마디씩, 한숨씩, 내 목소리가 달라졌다. 어느 순간 사람들은 내 목소리를 '편안하다' '듣기 좋다'고 표현해주었다. 그것은 단지 기술의 변화가 아니라 내면의 변화였다.

     보이지 않는 말이 관계를 완성한다

브랜딩의 마지막 조각

목소리는 우리가 생각하는 것보다 훨씬 정직하다. 겉으로는 침착해 보여도 불안한 사람은 말의 속도와 호흡 때문에 금방 들통난다. 자신감이 부족한 사람은 문장 끝이 흐려지고, 타인을 압박하려는 사람은 의식하지 못하는 사이 말을 세게 내뱉는다.

인간의 귀는 생각보다 정교하다. 상대의 목소리에서 불안, 확신, 진심, 거짓을 구분해내는 능력은 수백만 년에 걸친 진화의 결과다. 그래서 어떤 사람을 만나면 설명할 수 없는 호감을 느끼기도 하고, 이유 없이 거부감을 느끼기도 한다. 그것은 목소리를 통해 감지된 내면의 진동, 즉 감정의 파장 때문이다.

단어보다 목소리의 울림으로 상대의 감정을 해석한다. 음색, 높낮이, 속도, 리듬이 조합된 '음성의 패턴'이 바로 그 사람의 정체성을 말해 준다는 의미다. 사람들은 이름보다 목소리를 먼저 기억하고, 문장보다 톤을 먼저 떠올린다. 같은 문장이라도 누가 어떻게 말하느냐에 따라 그 의미는 완전히 달라진다. 그래서 목소리는 단순한 전달 수단이 아니라 인격의 확장이다.

스승님은 지금도 여전히 나에게 주문한다. 최근에는 경제신문을 습관처럼 읽으라고 조언했다. 신문은 단순한 정보의 창이 아니라 언어를 다듬는 도구라는 것이 그분의 생각이다. 꾸준히 신문을 읽다 보면 사용하는 단어의 품격이 달라지고, 사고의 밀도가 깊어지며, 그 변화가 결국 목소리의 품격으로 이어진다고 강조했다. 단어를 고르는 습관은 곧 생각의 습관이고, 생각의 결은 목소리의 결로 나타난다. 언어를 가꾸는 일은 결국 자신의 소리를 정제하는 일과 다르지 않다.

종종 목소리를 타고난 것으로 오해한다. 태어날 때부터 좋은 음색을 가진 사람만이 듣기 좋은 소리를 낸다고 믿는다. 하지만 그것은 오해다. 목소리는 근육이고 습관이다. 잘 다듬으면 변한다. 내 목소리가 변했다는 말은 단순한 생리적 변화가 아니라 내 삶의 방향이 바뀌었다는 뜻이기도 하다. 불안했던 내면이 차분해지고, 과도한 에너지가 정제되면서 말의 결이 고급스러워졌다. 그것은 한순간의 교정이 아니라 오랜 시간에 걸친 '자기 관리의 결과'였다. 목소리를 바꾸는 일은 결국 자신을 관리하는 일이다.

목소리는 우리가 쌓아온 시간이다. 경험, 고민, 성찰, 훈련이 모두 목소리에 녹아든다. 급조할 수 없다. 하룻밤에 만들어지지 않는다. 하지만 꾸준히 다듬으면 반드시 달라진다. 그리고 그 변화는 만나는 모든 상대에게 각인된다.

그러므로 이렇게 말할 수 있다. 목소리는 브랜드라고. 목소리는 명함보다 강력하고, 이력서보다 생생하고, SNS보다 진실하다. 당신이 말하는 순간, 당신의 브랜드가 완성된다. 그 브랜드를 어떻게 만들 것인가는 전적으로 당신에게 달렸다. 목소리를 방치할 것인가, 다듬을 것인가. 그 선택이 10년 후 당신을 결정한다.

2

파라랭귀지가 바뀌면
목소리가 바뀐다

어린 시절 만약 하느님이 단 하나의 소원을 들어주겠다고 했다면 나는 주저 없이 이렇게 말했을 것이다.

"제 목소리를 예쁘게 바꿔주세요."

다른 건 아무것도 필요 없었다. 얼굴도, 키도, 성적도 아니었다. 오직 목소리. 그것만 바뀐다면 내 인생도 달라질 것 같았다.

남편은 가끔 농담처럼 말한다.

"당신은 남자 목소리를 가졌어."

웃어넘기면서도 이 말을 들을 때마다 어린 시절의 기억이 되살아난다. 나는 오랫동안 내 목소리가 마음에 들지 않았다. 그래서 어떻게든 바꾸고 싶었다. 중학생 시절 방송반 아나운서를 맡으면서부터 그 바람은 내 마음 안 깊은 곳에 자리 잡았다. 방송실의 마이크는 나를 비추는 거울 같았다. 멋지게 읽고 싶은데, 내 목소리는 어딘가 거칠었다. 목소리가 맑고 고운 친구들을 부러워했고, 나의 허스키한 음색은 늘 비교의 대상이었다.

가늘고 부드럽게 들리고 싶다는 욕망이 커질수록 나는 내 소리를 왜곡시켰다. 말끝을 억지로 올렸고, 의식적으로 얇은 톤을 흉내 냈다. 그러다 보니 목이 쉽게 피로해졌고, 저녁이 되면 목이 잠겼다. 그래도 멈추지 않았다. 내가 바뀌려면 목소리부터 달라져야 한다고 믿었기 때문이다. 누군가는 큰 눈, 누군가는 큰 키, 누군가는 피부색에 집착하듯, 나는 오직 목소리에 집착했다. 사람을 처음 만나면 가장 먼저 귀에 들어오는 소리에 집중했고, 그 사람의 인상을 목소리로 판단했다. 내 목소리가 그들처럼 들리지 않는다는 사실이 늘 아쉬웠다.

같은 악기 다른 음악

출산과 육아의 시간을 지나, 다시 사회에 발을 내딛던 무렵부터 나는 스피치 학원, 아나운서 학원, 쇼호스트 학원까지 닥치는 대로 등록했다. 목소리를 바꾸는 방법이 있다면 뭐든 해보고 싶었다. 그런데 강사들은 한결같이 어리둥절한 표정으로 이렇게 말했다.

"목소리도 좋고 발음도 훌륭한데, 굳이 학원에 다닐 필요가 있을까요?"

오히려 나를 돌려보내는 사람도 있었다. 나는 도무지 이해되지 않았다. 내게 부족한 게 분명히 있는데, 왜 그들은 괜찮다고 하는 걸까.

그러던 어느 날 방송국 아나운서 출신의 보이스 트레이닝 강사가 내게 조심스럽게 물었다. "타고난 목소리가 좋은데, 왜 일부러 하이톤으로 말씀하세요?"

이 한마디가 내 머리를 세게 때렸다. 그때 처음 알았다. 내가 바꿔야

   보이지 않는 말이 관계를 완성한다

했던 것은 목소리 자체가 아니라 '말하는 방식'이라는 것을. 내 소리의 문제는 음색이 아니라 호흡이었고, 속도였고, 울림이었고, 간격이었다. 그동안 나는 소리를 고치려만 애썼지 정작 내 파라랭귀지는 한 번도 돌아보지 않았던 것이다.

스피치 학원에서 배운 건 목소리를 바꾸는 기술이 아니라 말하는 감각이었다. 말의 속도를 조금만 늦춰도 목소리의 질감이 달라졌다. 문장을 끝까지 밀어내기보다 어미에서 잠시 숨을 고르면 말이 단단해졌다. 문장 사이에 짧은 쉼표를 두면 리듬이 생겼고, 리듬이 생기자 말에 여유가 생겼다. 말할 때 살짝 미소를 머금으면 음색이 따뜻해졌다. 김규비 아나운서를 만난 이후 이 미묘한 차이들이 내 목소리 전체를 바꿔놓았다.

사람들은 내게 목소리가 좋아졌다고 하지만, 사실은 파라랭귀지가 바뀐 것이었다. 타고난 음색은 바꿀 수 없지만, 그것을 어떻게 사용하는가는 선택할 수 있다. 같은 악기라도 누가 연주하느냐에 따라 전혀 다른 음악이 되는 것처럼 말이다.

발성, 호흡, 속도, 울림, 추임새, 침묵을 하나씩 익혀가면서 나는 조금씩 나를 다듬어 갔다. 그러자 놀랍게도 내 목소리는 점점 차분하고 안정감 있는 울림을 갖게 되었다. 같은 내가, 같은 말을 해도 분위기와 느낌은 완전히 달라졌다. 사람들이 내 목소리를 "편안하다." "듣기 좋다." "신뢰가 간다."고 말하기 시작했다.

내가 20대에 그토록 싫어했던 두꺼운 목소리는 지금 내 가장 큰 자산이다. 낮고 깊은 울림은 신뢰감을 준다. 강의할 때, 상담할 때, 중요한 대화를 나눌 때 사람들은 내 목소리에 안정감을 느낀다고 말한다. 예전에는 단점이라고 생각했던 것이 지금은 강점이 되었다. 목소리 자체는 그대로인데, 내가 그것을 사용하는 방식이 달라졌을 뿐이다.

더 신기한 일은 그다음에 일어났다. 간혹 나에 대한 사람들의 평가에 놀라게 된다. 예전에는 사람들에게 친절을 베풀면 과하게 느껴진다는 반응이 많았다. 하지만 지금은 친절하고 상냥하다고 말한다. 내 성격이 바뀐 건 아니다. 다만 말하는 방식이 바뀌었을 뿐이다. 그런데 그것이 나에 대한 전체 인상을 바꿔놓았다. 파라랭귀지가 바뀌면 목소리가 바뀌고, 목소리가 바뀌면 나의 가치가 달라진다.

나만의 목소리를 찾는 여정

퍼스널 브랜딩은 결국 인상 관리의 기술이다. 그런데 많은 사람이 외형을 바꾸는 데만 집중한다. 옷차림, 말투, 자세, SNS 이미지 같은 겉모습에 집중한다. 하지만 정작 사람의 인상을 결정짓는 건 그보다 훨씬 미묘한 것들이다. 경청의 자세, 따뜻한 말 한마디, 공감의 표정, 대화 속의 간격, 목소리의 속도, 웃음의 주파수 같은 보이지 않는 신호들. 그것이 바로 파라랭귀지의 힘이다.

브랜딩은 단지 겉모습이 아니라 지속되는 인상이다. 어떤 사람은 똑같은 인사를 해도 신뢰감이 느껴지고, 어떤 사람은 어딘가 피곤하게 들린다. 그 차이를 만드는 건 말의 방식이다. '어떻게 말하느냐'가 '무엇을 말하느냐'보다 훨씬 오래 남는다.

파라랭귀지를 다듬는다는 건 결국 나라는 브랜드의 어조tone를 설계하는 일이다. 마케팅에서 브랜드의 톤앤매너가 중요하듯, 사람에게도 고유한 말의 톤이 있다. 그것은 말투의 습관이자 감정의 리듬이다. 나만의 목소리를 찾는 것. 그것이 바로 파라랭귀지 브랜딩의 시작이다.

소리로 설계하는 인상

사람은 저마다 톤과 리듬, 호흡의 길이를 지닌 채 태어나지만, 그것을 어떻게 다듬느냐에 따라 전혀 다른 인상을 남긴다. 어떤 이의 목소리는 단정하고, 어떤 이의 목소리는 따뜻하다. 또 어떤 이의 목소리는 밝고 경쾌하다. 겉모습이 바뀌지 않아도 소리의 결이 달라지면 사람의 분위기가 달라진다. 목소리는 결국 자신을 설계하는 언어다.

국내 1세대 마케터로 존경받는 조서환 회장은 그 사실을 누구보다 잘 보여주는 인물이다. 그는 애경과 KTF, 세라젬 같은 기업을 성공으로 이끌었고, 유니레버와 로슈 같은 글로벌 무대에서도 활약했다.

"안녕하세요, 아나운서님. 하하하."

그의 목소리는 언제나 아침 햇살처럼 밝고 경쾌하다. 웃음이 먼저 도착하고, 본론은 그다음이다. 회의할 때도, 강연할 때도, 심각한 논의를 해야 하는 순간에도 그는 말 앞에 웃음을 배치한다. 처음에는 조금 의아했다. 회장이라는 직함과 이 유쾌한 웃음이 어딘가 어울리지 않는 것 같았다. 하지만 대화를 나누면서 알았다. 이 웃음이야말로 그의 가장 강력한 언어였다.

그 웃음은 단순한 습관이 아니다. 웃음은 벽을 낮춘다. '회장'이라는 직함이 주는 거리감, '리더'라는 신분이 세우는 벽, 그 모든 것을 웃음 하나가 무너뜨린다. 사람들은 그의 웃음에 긴장을 풀고, 마음의 문을 연다. 웃음이 먼저 악수를 청하면 대화는 그다음에 시작된다. 그는 심각한 이야기를 할 때도, 생각할 시간이 필요할 때도 웃는다. "하하하." 잠시의 웃음이 공기를 바꾸고, 사람들의 시선을 부드럽게 만든다. 그 짧은 웃음이 말의 공백을 채우고, 대화의 리듬을 만든다. 그에게 웃음은 언어 이전의 언어였다.

사람들은 그에게 오른손이 없다는 사실을 종종 잊는다. 군 복무 중 수류탄 사고로 오른손을 잃은 아픔을 갖고 있지만, 그것은 그의 핸디캡이 되지 않았다. 오히려 그가 보여주는 파라랭귀지는 결핍이 아니라 넘침으로 다가온다. 오른손을 잃고도 왼손으로 골프 싱글을 치는 사람답게 그는 언제나 몸의 한계를 웃음으로 극복한다. 일흔이 된 지금도 그의 자세는 곧다. 동작은 경쾌하고, 목소리는 또렷하다. 오른손이 없다는 사실은 그를 정의하지 못한다. 오히려 그의 웃음이 그를 정의한다. 사람들은 그를 기억할 때 '오른손을 잃은 천재 마케터'가 아니라 '하하하 웃으며 인사하는 유쾌한 조 회장'으로 기억한다.

목소리를 디자인하라

목소리는 디자인할 수 있다. 톤, 속도, 리듬, 호흡. 이 네 가지 요소의 조합으로 자신만의 음성 이미지를 설계할 수 있다. 누군가의 말을 듣고 있으면 그 사람의 리듬이 들린다. 빠른 말은 불안하게, 느린 말은 답답하게 느껴진다. 그런데 일정한 리듬으로 말하는 사람에게는 묘한 신뢰가 생긴다. 말의 리듬이 곧 신뢰의 리듬이기 때문이다.

우리나라에서 가장 신뢰받는 언론인 손석희의 목소리를 떠올려보

자. 그의 말에는 과장도, 군더더기도 없다. 문장의 속도는 일정하고, 단어의 끝은 언제나 단정하다. 감정을 드러내지 않지만 메시지는 또렷하다. 그는 목소리로 정보를 전달하는 사람이 아니라 공기를 정돈하는 사람이다. 짧은 침묵을 두고 말을 잇는 그 리듬 속에서 메시지의 무게가 생긴다. 그의 목소리는 차분하지만 단호하고, 부드럽지만 흔들리지 않는다. 바로 그 절제가 그의 브랜드다.

국민MC 유재석의 목소리는 또 다르다. 빠르고 경쾌하다. 말끝을 올리고, 리듬을 살린다. 그의 목소리를 듣는 것만으로도 기분이 좋아진다. 그것은 톤의 높낮이가 아니라 속도와 리듬의 조합이 만든 에너지 덕분이다. 그래서 같은 문장이라도 그가 말하면 공기가 밝아지고 묘하게 안심이 된다.

배우 윤여정의 목소리는 또 다른 결을 가졌다. 낮고 느리다. 목소리가 부드럽지 않지만 단단하고 묵직하다. 한 글자 한 글자에 무게가 실려 있다. 불편한 질문이 와도 그녀는 서두르지 않는다. 문장과 문장 사이의 간격을 길게 두고, 그 침묵마저 자기 리듬으로 채운다. 그래서 그녀의 말에는 여운이 남는다. 말의 리듬이 품격이 되는 순간이다.

퍼스널 브랜딩의 출발점은 일관된 음성 이미지다. 어떤 목소리를 가졌느냐가 아니라, 어떤 목소리를 선택하느냐의 문제다. 조서환 회장이 웃음을 선택했듯, 손석희가 절제를, 유재석이 리듬을, 윤여정이 여유를 선택했듯 누구나 자신만의 시그니처 사운드를 설계할 수 있다.

인상은 목소리로 빚어진다

브랜드에는 각각의 톤앤매너가 있다. 브랜드가 소비자에게 말을 거는 방식, 그 일관된 태도를 뜻한다. 애플은 어떤 상황에서도 미니멀하고 세련된 디자인을 유지한다. 나이키는 언제나 도전적이고 역동적이다. 그 일관성이 브랜드를 만들고, 브랜드에 충성하는 팬덤을 만든다.

사람도 마찬가지다. 우리 각자에게도 고유한 톤앤매너가 있다. 평소에는 부드럽다가도 화나면 목소리가 완전히 바뀌는 사람은 신뢰를 잃는다. 회의에서는 논리적이다가 술자리에서 감정적으로 변하는 사람은 일관성이 없어 보인다. 반대로 어떤 상황에서도 자신의 톤을 유지하는 사람은 존재 자체가 브랜드가 된다.

　　　　　　　　　　　　

조서환 회장의 웃음이 강력한 이유는 그것이 일관되기 때문이다. 회의실에서도, 전화 통화에서도, 아침 인사에서도 그는 웃는다. 그 일관성이 그를 '긍정의 아이콘'으로 만든다. 사람들은 그를 떠올릴 때 "하하하" 웃는 모습을 먼저 떠올린다. 그것이 그의 브랜드다.

조서환 회장의 웃음, 손석희의 절제, 유재석의 리듬, 윤여정의 간격. 이들의 공통점은 자신만의 파라랭귀지를 가지고 있다는 것이다. 웃음으로, 절제로, 리듬으로, 여유로 그들은 각자의 언어로 자신을 설계했다. 그것은 타고난 재능이 아니라 오랜 시간 다듬어진 습관의 결과다. 말의 결이 인상을 만들고, 그 인상이 곧 브랜드가 된다.

4

말보다 깊은 설득,
리듬의 힘

기업의 브랜딩은 결국 설득의 도구다. 더 싸게, 더 빠르게, 더 좋은 제품을 만드는 경쟁을 넘어 소비자의 마음속에 '나만의 의미'를 이미지로 새기는 행위다. 제품의 품질이 아닌 세계관으로 사람을 움직이는 것. 그것이 브랜딩의 본질이다. 기업은 그 세계관을 스토리텔링으로 만든다. 하나의 서사를 통해 공감과 신뢰를 쌓고, 감정의 파장을 만들어낸다.

이 원리는 사람에게도 똑같이 적용된다. 누군가에게 호감을 주고 내 편으로 끌어당기는 힘은 대체로 논리의 완성에서 오지 않는다. 사람은 설명보다 분위기에 먼저 반응한다. 말의 높낮이, 속도의 완급, 호흡의 길이, 문장과 문장 사이의 짧은 침묵. 이 미세한 요소들이 결을 이루어 상대의 감정선에 스며든다.

그러나 누군가를 끌어당기는 일은 생각보다 어렵다. 제품을 팔든, 아이디어를 전하든, 결국 누군가의 마음을 움직여야 한다. 말이 단순한 설명을 넘어 설득이 되려면, 그 말에는 '나'라는 사람의 결이 묻어나야 한다. 그 결이 곧 신뢰의 온도이자 매력의 리듬이다. 그러나 이 단순한 진리를 몸으로 익히는 일은 쉽지 않다. 매일같이 말한다. 회의에서 의견을 내고, 직장 상사에게 보고를 하고, 친구나 가족에게 생각을 전한다. 하지만 그중 몇 번이나 진심이 온전히 닿았을까.

어떤 사람은 열정적으로 말해도 공감이 따라오지 않는다. 반대로 말수가 적어도 한 문장만으로 사람들의 시선을 끄는 이가 있다. 차이는 단어가 아니라 리듬에 있다. 그러나 많은 사람은 그 사실을 모르거나, 알아도 두려움 때문에 실천하지 못한다. 그러다 보니 사람들 앞에 서는 일이 두려워진다. 목소리가 떨리고, 손끝이 차가워지고, 머릿속이 하얘진다. 그 두려움은 단순히 말을 못해서가 아니다. 자신이 어떻게 들릴지 모른다는 불안에서 비롯된다. 자신감이 사라지면 말의 결도 흔들린다.

이 지점에서 브랜딩은 멈춘다. 자신을 표현하지 못하면 어떤 세계관도 전달되지 않는다. 자신의 목소리를 믿지 못하는 사람은 타인의 신뢰를 얻기 어렵다. 그래서 스피치는 단지 무대 위의 기술이 아니라 자기 신뢰를 회복하는 과정이다. 한 사람을 설득하기 위해서든, 백 명 앞에서 자신의 생각을 전달하기 위해서든, 모두 언젠가 그 벽 앞에 선다. 그 벽을 넘는 순간 비로소 자신의 목소리로 자신을 세울 수 있다.

브랜딩은 설득의 언어

그 벽을 넘어선 한 중소기업의 연구원이 있다. 회로를 설계하고 알고리즘을 짜는 데는 누구보다 능숙했지만, 그에겐 한 가지 고민이 있었다. 그는 사람들 앞에만 서면 목소리가 작아지고 문장이 길을 잃었다. 그러다 보니 회의에서 좋은 아이디어가 묻히는 일이 반복됐다. 그는 깨달았다. '이 벽을 넘지 않으면 여기서 더는 성장하지 못하겠구나.'

그날 이후 그는 자신을 실험대 위에 올렸다. 매주 금요일, 점심시간이 끝나면 연구실 동료들 앞에서 5분간 스피치를 하겠다고 선언했다.

주제는 자유였다. 신제품 개발 과정에서의 시행착오, 주말에 본 다큐멘터리, 또는 아침 지하철에서 본 풍경. 처음에는 목소리가 떨렸고, 문장이 자주 끊겼다. 동료들이 웃음을 터뜨릴 때마다 얼굴이 붉어졌다. 하지만 그는 매주 이 과업을 거르지 않았다. 때로는 실패가, 때로는 어색한 침묵이 그를 단련시켰다.

여섯 달이 지났을 때, 그는 더 이상 원고를 보지 않았다. 그의 말에는 리듬이 생겼고, 청중의 눈빛이 바뀌었다. 그는 나중에 이렇게 말했다.

"사실 제일 먼저 설득한 건 저 자신이었습니다."

그 말이 내 마음에 긴 여운을 남겼다. 스피치는 남을 설득하는 기술이 아니라 자신을 다루는 기술이다. 두려움의 벽을 넘어서는 그 순간, 목소리에는 확신이 깃든다. 그리고 그 확신이 타인에게 파장처럼 전달된다. 스피치는 타인을 설득하는 기술이기 전에 떨리는 자신을 먼저 설득하는 기술이다. 자기 확신이 목소리의 결로 번역되는 순간, 설득은 시작된다.

리듬은 사람을 기억하게 한다

옥션을 창업한 1세대 벤처기업가인 이금룡 회장은 그런 리듬의 설계자다. 나는 그의 강연을 들을 기회가 몇 번 있었다. 그는 회의실에서도 강연장에서도 사람의 귀를 붙잡는 힘을 갖고 있다. 그가 말할 때면 공기가 달라진다. 빠른 속도로 문장을 밀어붙이다가도 중요한 대목에서 속도를 낮추고, 단어의 골격을 또렷이 세운다.

"이건, 꼭 해야 해요."

청중의 시선은 그 한 박자에 모인다. 단어마다 의미의 무게를 계산한 듯 힘을 조절해서 말한다. 어떤 문장은 빠르게 흘러가고, 어떤 문장은 공백을 품는다. 그 공백이 말의 여운을 만든다.

이금룡 회장은 들리게 말을 전달한다. 그에게 '들리게 한다'는 건 소리를 크게 내는 것이 아니라 의미가 청중에게 닿게 하는 것이다. 그는 자신의 화법을 전략적으로 설계한다. 빠른 리듬은 주의를 끌기 위한 장치, 느린 호흡은 설득의 여백, 짧은 유머는 리듬의 변주다. 말의 강약과 속도를 의식적으로 조율하는 그의 방식은 일종의 음악과 같다. 리듬이 있는 말은 자연스럽게 사람의 감정을 움직인다.

좋은 화자는 단어를 정확히 고르는 사람이 아니라 단어에 호흡을 입히는 사람이다. 그는 그 사실을 정확히 이해하고 있다. 그래서 그의 스피치는 논리보다 더 오래 남는다. 논리는 금세 잊히지만 리듬은 오래 남는다. 말은 사라져도 목소리의 박자는 기억 속에 남아 신뢰의 이미지를 만들고, 그것이 그 사람의 브랜드가 된다.

물론 설득의 리듬은 한 가지 방식으로만 존재하지 않는다. 사람마다 자신의 리듬이 있다. 현대그룹의 창업주인 정주영 회장의 말에는 군더더기가 없었다. "해봤어?"라는 세 음절의 질문이 회의의 공기를 바꿔놓곤 했다고 전해진다. 그는 단호한 리듬으로 사람을 움직였다. 높은 음성도, 과장된 제스처도 아니었다. 짧게 끊어 치는 박자, 뒤로 물러서지 않는 속도, 결단을 예고하는 낮은 톤. 그의 어조는 거절하기 어려운 방향성을 가졌다. 단어의 길이가 아니라 음의 결이 결단을 대신했다. 그의 목소리는 높지 않았지만, 부정할 수 없는 확신이 있었다. 사람들은 그 목소리의 밀도에 끌렸다. 그것이 바로 리더의 톤이었다.

배우 송강호는 리듬의 변칙으로 설득하는 사람이다. 그는 한 인물의 감정을 일정한 톤으로 밀어붙이지 않는다. 때로는 숨 돌릴 틈도 없이 대사를 쏟아내고, 때로는 한 문장을 길게 눌러 묵직하게 남긴다. 빠를 때는 분노나 혼란이 폭발하고, 느릴 때는 체념과 통찰이 스며든다. 〈살인의 추억〉에서 범인을 추궁할 때의 송강호는 거의 속사포처럼 말을 내뱉는다. 말의 속도는 인물의 내면 온도를 따라 올라갔다가 식는다. 반면 〈기생충〉의 그 유명한 대사 "넌 다 계획이 있구나."에서는 리듬을 극단적으로 늦춘다. 낮고 느린 톤, 긴 여백, 그 사이에 가라앉은 냉소와 절망. 그의 리듬은 감정을 단순히 표현하는 수단이 아니라 감정 자체가 되게 한다. 관객은 그 리듬에 맞춰 호흡하고, 멈추고, 함께 긴장한다. 그래서 송강호의 대사는 들린다기보다 '체감된다'.

브랜딩이란 결국 사람의 기억 속에 남는 리듬이다. 기업의 로고가 아닌 광고의 톤으로, 사람의 얼굴이 아닌 목소리의 여운으로 누군가를 기억한다. 스피치는 그 리듬의 결정체다. 논리가 아닌 울림으로, 설명이 아닌 파장으로, 서로를 설득한다. 말의 속도와 높이, 숨의 길이와 여백을 스스로 조율할 수 있을 때, 누군가의 마음속에 하나의 이미지로 각인된다. 그것이 바로 목소리로 완성되는 '나'라는 브랜드다.

   보이지 않는 말이 관계를 완성한다

5

소리의 품격은
마음의 결에서 비롯된다

목소리에도 표정이 있다. 밝은 마음은 밝은 소리를 만들고, 굳은 마음은 딱딱한 소리를 만든다. 그것은 본능적으로 안다. 누군가의 말이 아무리 친절해도 어딘가 딱딱하게 들릴 때가 있다. 반대로, 평범한 한마디가 유난히 따뜻하게 들릴 때도 있다. 그 차이는 단어 자체나 목소리가 아니라 마음의 결에서 비롯된다. 목소리는 감정의 그림자다. 감정이 선명하면 소리에도 표정이 생긴다.

얼마 전, 중학교 1학년인 딸에게 "고마워."라고 말했다가 뜻밖의 대답을 들은 적이 있다.

"엄마, 너무 대충 말하는 거 아니야."

순간 당황했다. 바쁜 아침, 건성으로 흘려보낸 인사를 딸이 알아챘던 것이다.

종종 영혼 없는 말을 들으면 피로를 느낀다. 상담원이 기계적으로 "고객님, 사랑합니다."라고 말할 때, 혹은 회의 자리에서 누군가 형식적으로 "좋은 의견이에요."라고 할 때, 이상하게 기분이 나빠질 때가 있다. 문장은 완벽하지만, 정작 감정이 담겨 있지 않은 경우다. 카카오톡의 이모티콘처럼 웃는 표정을 띠고 있어도 실제 감정은 비어 있는 경우가 많다. 그런 소리를 들을 때 사람들은 직감적으로 안다. '이건 진심이 아니구나' 진심은 절대 꾸며낼 수 없다.

꾸며낼 수 없는 진심의 힘

나는 오랫동안 한 사람을 통해 그 사실을 배웠다. 이미지 브랜딩 전문가 송은영 교수는 사람을 대할 때 언제나 미소부터 전한다. 입꼬리가 귀에 걸리도록 활짝 웃으면서 첫인사를 늘 다정하게 건넨다.

"어머~ 우리 인지샘, 오늘 너무 예뻐요."

단순한 인사말이 아니다. 얼굴 한가득 미소를 지으며 반가움을 표현한다. 그 반가움이 상대의 마음을 열어젖힌다. 그녀는 자신을 꾸미려 하지 않고, 상대를 먼저 빛내준다. 그래서 그녀를 만나면 언제나 자존감이 높아진다. 내가 정말 괜찮은 사람인 것 같은 느낌을 준다. 나에게만 그러는 것이 아니라 누구를 만나도 그렇다. 심지어 불편한 상황에서도 미소를 잃지 않는다. 나는 겸손이 그녀의 품격을 완성한다고 생각한다. 그리고 그녀를 보며 배웠다. 품격은 화려한 언어가 아니라 태도에서 비롯되고, 그 태도는 내면의 결을 드러낸다는 것을.

옥션 창업주 이금룡 회장은 이런 말을 했다.
"성공하는 사람은 손이 세 개다. 왼손, 오른손, 그리고 겸손."

나는 이 말을 들을 때마다 송은영 교수의 목소리와 그녀의 미소를 떠올린다. 말의 품격이란 결국 마음의 품격이다.

앞서 소개한 조서환 회장에게서도 같은 결을 느껴 왔다. 주변의 성공한 사람들을 보면 그들에겐 공통점이 있다. 긍정의 마음이다. 앞서도 소개했듯 조서환 회장은 긍정의 자세를 웃음으로 표현한다. "하하하." 짧은 웃음이 공기를 부드럽게 바꾸고, 상대의 경계를 해제한다. 그 웃음의 리듬이 결국 브랜드의 리듬이 된다. 파라랭귀지는 기술이 아니라 인격의 발현이다. 마음이 따뜻한 사람만이 이런 리듬을 낼 수 있다.

사람의 목소리는 그가 살아온 방식의 기록이다. 부드러운 사람은 말도 둥글고, 성급한 사람은 목소리도 뾰족하다. 아무리 고급스러운 단어를 써도 마음의 결이 거칠면 목소리의 질감에 그대로 드러난다. 불안은 진동으로, 교만은 억양으로, 무례는 속도와 목소리의 크기로 나타난다. 그래서 브랜딩의 마지막 단계는 외형이 아니라 내면이다. 외면의 리듬은 내면의 리듬을 넘지 못한다.

목소리는 살아온 방식의 기록

좋은 목소리를 갖는다는 것은 결국 좋은 사람이 된다는 뜻이다. 한 방송 리허설에서 만난 유명 성우는 이렇게 말했다.

   보이지 않는 말이 관계를 완성한다

"목소리는 하루 만에 만들어지는 게 아니에요. 매일 어떤 감정으로 살았는지가 그대로 묻어나거든요."

이 말은 단순한 직업적 통찰이 아니라 삶의 철학이었다. 그는 덧붙였다.

"그래서 나는 늘 좋은 감정을 유지하려고 노력해요. 결국 내 목소리는 내 마음의 상태를 들려주는 거니까요."

나는 그의 말이 파라랭귀지의 본질을 정확히 표현한다고 생각했다.

결국 브랜딩이란 내면을 정돈하는 일이다. 세련된 말투나 인상적인 톤은 껍질일 뿐, 본질은 마음의 리듬이다. 아무리 스피치 기법을 익히고, 억양을 다듬어도 마음이 닫혀 있으면 그 소리는 벽에 부딪혀 돌아온다. 반대로 진심이 담긴 말은 미숙해도 사람을 움직인다. 진심은 기술보다 느리게, 그러나 더 멀리 간다.

우리 주변엔 말이 서툴거나 어눌하지만 이상하게 사람의 마음을 끄는 사람들이 있다. 화려한 표현은 없지만 그들의 말에는 묘한 힘이 있다. 그것은 기술이 아닌 진심의 리듬이다. 배우 김혜자가 그렇다. 그녀는 방송 인터뷰에서 늘 천천히, 약간 더듬듯 말한다. 문장 사이에는 긴 여백이 있고, 말끝은 조용히 가라앉는다. 그런데 그 침묵 속에 감정이 다 들어 있다. 낮은 톤 속에는 삶의 무게와 따뜻함이 공존한다. "그냥 사랑해야죠." "그게 사람 사는 거잖아요." 짧은 문장인데도 듣는 사람의 마음을 흔든다. 정확한 논리가 아니라 마음의 결이 울림을 만든다. 그는 자신의 경험을 미사여구로 포장하지 않는다. 오히려 단어를 아낀다. 배우로서 그녀는 수많은 대사를 외웠을 테지만, 정작 자신의 말에서는 대본이 느껴지지 않는다. 그 이유는 간단하다. 그는 자신의 삶으로 이미 말을 완성했기 때문이다. 인격이 깊어질수록 언어는 단순해진다. 단순함은 진심의 또 다른 형태다.

사람은 누구나 자신만의 울림을 가진다. 그 울림의 깊이는 성대의 구조가 아니라 삶의 깊이에서 나온다. 어떤 이는 불안 속에서 떨리는 목소리를 내지만, 또 다른 이는 같은 상황에서도 차분한 리듬으로 대처한다. 그 차이는 훈련의 양이 아니라 마음의 온도다. 그리고 그 온도는 하루아침에 만들어지지 않는다. 작은 습관, 반복되는 선택, 사람을 대하는 태도 속에서 서서히 형성된다.

　　　　　　　　　　　　보이지 않는 말이 관계를 완성한다

그 과정을 떠올리면 언제나 떠오르는 시가 있다. 이해인 수녀의 시 〈나를 키우는 말〉이다.

상처 주는 말보다

위로의 말을 하고 싶습니다.

미움 주는 말보다

사랑을 주는 말을 하고 싶습니다.

누군가의 마음을 닫게 하는 말보다

마음을 열게 하는 말을 하고 싶습니다.

나를 작게 만드는 말보다

나를 키우는 말을 하고 싶습니다.

그리하여 오늘도

내가 던진 말이

누군가의 마음에서

꽃이 되게 하고 싶습니다.

결국 좋은 목소리는 좋은 마음에서 피어난다. 진심이 깃든 말은 그 자체로 한 송이의 꽃처럼 사람의 마음을 밝힌다. 그래서 파라랭귀지의 완성은 기술의 문제가 아니라 내면의 완성이다. 소리의 품격은 마음의 결을 닮는다. 진심은 언제나 기술보다 느리게, 그러나 더 멀리 간다.

6

우리는 서로의 목소리로 기억된다

기술이 모든 것을 대신하는 시대다. 인공지능이 소설을 쓰고, 그림을 그리고, 사람의 목소리를 완벽하게 재현한다. 음색, 억양, 속도, 심지어 호흡까지. 기술적으로는 구분이 불가능한 수준이다. 몇몇 사람들은 묻는다.

"그렇다면 목소리는 더 이상 중요하지 않은 것 아닌가요?"

나는 그렇게 생각하지 않는다. 오히려 더 중요해질 거라고 본다. AI가 인간의 언어를 흉내 낼수록 사람들은 진짜 인간의 목소리를 그리워하게 될 것이다. 이유는 단순하다. 기술은 감정을 복제할 수 없기 때문이다. 인공지능의 목소리는 일정하다. 온도가 흔들리지 않는다. 그러나 사람의 목소리는 미세하게 흔들린다. 피로할 때는 낮게 깔리고, 불안할 때는 빠르게 떨리며, 감동할 때는 부드럽게 가라앉는다. AI의 목소리는 완벽하지만, 인간의 목소리는 살아 있다.

AI가 정확성을 자랑할수록, 인간의 말은 진정성으로 가치를 얻는다. 정확한 발음과 일정한 속도는 듣기엔 편하지만 오래 남지 않는다. 그러나 약간의 떨림과 불완전한 쉼표, 진심이 스며든 어조는 잊히지 않는다. 그 미묘한 불균질함에 인간의 온도가 있다. 사람들은 완벽함이 아니라 그 온도에 의지한다.

언젠가 한 음성학자가 말했다.
"사람의 목소리에는 두 개의 진동이 있습니다. 하나는 성대의 떨림이고, 다른 하나는 마음의 떨림이죠."

기계의 말은 정보를 전달하지만, 인간의 말은 감정을 건넨다. 기술이 아무리 진보해도 사람의 마음은 여전히 '결'을 감지한다. 같은 문장을 읽더라도 사람의 귀는 억양과 호흡의 리듬 속에서 진심을 찾아낸다. 그래서 단어보다 말의 결을 먼저 듣는다.

이름은 잊어도 목소리는 남는다

그래서 어떤 사람의 이름은 잊혀도 그 사람의 목소리는 오래 남는다. 얼굴이 흐릿해져도 웃음소리는 선명하다. 누군가를 목소리로 기억한다. 15년의 세월이 흘렀는데도 통신사의 직원이 내 목소리를 기억해냈듯, 누군가에게 목소리로 기억된다.

이 책을 쓰는 내내 나는 한 가지 질문을 붙들고 있었다. 파라랭귀지는 왜 중요한가. 단순히 말을 잘하기 위해서인가. 설득력을 높이기 위해서인가. 브랜딩을 완성하기 위해서인가. 답은 그보다 훨씬 깊은 곳에 있었다. 목소리로 연결되기 때문이다. 관계는 목소리로 시작되고, 목소리로 깊어지고, 목소리로 기억된다. 파라랭귀지는 단순한 화법이 아니라 인간관계의 언어다.

기억은 기묘하다. 어제 먹은 점심 메뉴는 기억나지 않지만, 10년 전 딸아이가 "엄마, 사랑해."라고 말하던 목소리는 지금도 선명하다. 목소리는 시각 이미지보다 깊은 곳에 각인된다.

왜 그럴까. 목소리는 단순한 음파가 아니라 감정의 지문이기 때문이다. 딸아이가 "엄마, 사랑해."라고 말할 때, 내가 기억하는 건 단어 자체가 아니다. 그 말에 담긴 복합적인 감정이다. 나를 바라보던 눈망울, 작고 부드러운 입술, 새근거리던 호흡, 순수한 아이의 마음까지. 그 모든 것이 하나의 감각으로 뇌에 저장된다.

당신의 목소리는 당신이 생각하는 것보다 훨씬 더 오래 산다. 당신이 사라져도 목소리는 남는다. 누군가의 기억 속에서, 누군가의 힘든 순간에, 누군가의 선택의 순간에. 목소리는 시간을 초월하는 유일한 선물이다.

반대로 상처 주는 말도 시간을 건너뛴다. 누군가 어린 시절 들었던 차갑고 날카로운 목소리는 수십 년이 지나도 가슴에 흉터로 남는다. 우리는 자주 목소리의 힘을 과소평가한다. 하지만 한번 내뱉은 소리는 사라지지 않는다. 누군가의 기억 속에서 계속 울린다.

그래서 목소리는 책임이다. 오늘 내가 내는 소리가 누군가의 내일을 만든다. 무심코 던진 말 한마디가 누군가의 인생을 바꿀 수 있다. 그 무게를 아는 것. 그것이 파라랭귀지를 다듬어야 하는 진짜 이유다.

당신의 목소리를 기다리는 사람이 있다

당신은 어떤 목소리를 남기고 싶은가. 당신이 이 세상을 떠난 후, 사람들이 당신을 떠올릴 때 어떤 목소리로 기억되었으면 좋겠는가. 따뜻한 목소리인가, 차가운 목소리인가. 힘을 주는 목소리인가, 상처 주는 목소리인가.

지금 선택할 수 있다. 오늘부터 당신의 목소리를 다듬을 수 있다. 조금 더 천천히 말하고, 조금 더 부드럽게 말하고, 조금 더 진심을 담아 말할 수 있다. 그 작은 선택이 쌓여 당신의 목소리를 만든다. 그리고 그 목소리가 당신을 정의한다. 그리고 그런 훈련이 당신의 삶의 가치를 높인다.

이 책은 목소리에 관한 책이지만, 결국 관계와 연결에 관한 책이다. 어떻게 말하느냐는 어떻게 연결되느냐와 같은 뜻이다. 파라랭귀지는 기술이 아니라 태도다. 상대를 어떻게 대하는가의 문제다. 말의 속도를 늦춘다는 것은 상대를 기다려준다는 뜻이다. 목소리를 낮춘다는 것은 상대를 압박하지 않는다는 뜻이다. 침묵을 둔다는 것은 상대에게 생각할 시간을 준다는 뜻이다. 미소를 담아 말한다는 것은 상대를 환대한다는 뜻이다.

그래서 파라랭귀지를 익힌다는 것은 더 나은 사람이 되는 과정이다. 말을 다듬으면서 마음도 다듬어진다. 목소리를 조율하면서 태도도 조율된다. 외면의 변화가 내면의 변화를 만들고, 내면의 변화가 다시 외면을 완성한다.

당신이 이 책을 읽으며 조금이라도 자신의 목소리를 돌아봤다면, 그것만으로도 이 책은 의미가 있다. 목소리를 의식하는 순간부터 변화가 시작된다. 당장 완벽해지지 않아도 괜찮다. 매일 조금씩 나아지면 된다.

책의 마지막 장을 덮을 때, 당신이 기억했으면 하는 게 하나 있다. 당신의 목소리는 중요하다. 당신이 생각하는 것보다 훨씬 더 중요하다. 파라랭귀지는 단순한 화법이 아니다. 인간을 인간답게 만드는 언어다.

기계가 아닌 사람으로, 개인이 아닌 관계로, 소리가 아닌 울림으로 존재하게 하는 힘이다.

당신의 목소리가 누군가에게 빛이 되기를. 오래도록 기억되기를. 그 목소리가 세상을 조금 더 따뜻하게 만들기를.

파라랭귀지
자가 진단 체크리스트

아래 항목은 '선호'나 '좋고 나쁨'의 문제가 아니다. 지금 내 목소리가 어떤 결을 가지고 있는지 가장 바닥의 질감을 확인하는 단계다.

· 나의 평균 톤은

☐ 높다　☐ 중간　☐ 낮다

· 평소 말 속도는

☐ 빠른 편이다　☐ 보통이다　☐ 느린 편이다

· 목소리의 크기(볼륨)는

☐ 큰 편　☐ 적당함　☐ 작은 편

· 목소리의 울림(공명)은

☐ 풍부하고 둥글다

☐ 보통이며 부드럽다

☐ 얇고 가볍게 들린다

· 스스로 생각하는 내 목소리는

☐ 밝다　☐ 차분하다　☐ 단조롭다　☐ 경직돼 있다　☐ 잘 모르겠다

최근 대화에서 목소리가 신경 쓰였던 순간이 있다면 간단히 적어본다.

____

____

____

말버릇은 의식하지 않을 때 드러나는 내면의 결이다. 아래 항목 중 하나라도 체크된다면, 그 말버릇은 내 의도와 상관없이 상대의 인식에 영향을 미치고 있을 가능성이 높다.

☐ 문장 끝을 올려 말하는 습관이 있다.

☐ "음…" "어…" "그니까…" 같은 추임새가 자주 들어간다.

☐ 말을 끝까지 마무리하지 않고 흐리는 경우가 많다.

☐ "~것 같아요." "~같은 느낌이에요." 등을 반복적으로 쓴다.

☐ 한숨을 섞어 말하거나 말 사이에 쩝소리·코웃음이 무의식적으로 섞인다.

☐ 말의 첫음절이 습관적으로 작게 시작되거나 어미가 흐릿하게 떨어진다.

☐ 특정 단어나 추임새 예: "사실은…" "솔직히…" "그러니까요…"를 많이 쓴다.

어떤 말버릇이 가장 자주 나타나는지, 왜 그 말이 나오는지 적어본다.

말은 상황에 반응한다. 스트레스, 긴장, 조급함, 서운함 같은 감정 상태는 목소리의 결을 즉각 바꾼다.

다음 항목은 관찰의 도구일 뿐이다. 체크가 많다고 해서 나쁜 것도 아니다. 내 목소리가 언제 흔들리고 언제 빛나는가를 확인하려는 것이다.

☐ 긴장하면 목소리가 떨리거나 한 톤 높아진다.

☐ 화가 나면 소리가 갑자기 날카로워지거나 속도가 빨라진다.

☐ 사람들이 "뭐라고요?"라고 자주 되묻는다.

☐ 말이 너무 빠르다는 피드백을 들은 적이 있다.

☐ 말이 너무 느려 답답하다는 말을 들은 적이 있다.

☐ 차갑게 들린다는 이야기를 들어본 적이 있다.

☐ 중요한 말 앞에서 호흡이 얇아지는 것을 느낀다.

☐ 온라인 회의나 전화에서는 내 목소리가 유독 긴장되어 들린다.

☐ 패닉 상황에서는 말 사이의 침묵이 지나치게 짧아지거나, 반대로 불필요하게 길어진다.

최근 내 목소리가 요동친 순간을 적어본다.

____

____

____

파라랭귀지는 관계의 기술이다. 누구 앞에서 내 목소리가 더 편안하고, 어디서 더 긴장되는지 관찰해보면 '관계의 결'이 드러난다.

☐ 특정 사람 앞에서 목소리가 얇아지거나 더 낮아진다.

☐ 상사나 윗사람 앞에서는 지나치게 신중해지거나 어미가 약해진다.

☐ 가까운 사람 앞에서는 지나치게 편안해져 소리가 거칠어지기도 한다.

☐ 낯선 사람 앞에서는 목소리의 밝기와 볼륨이 급격히 변한다.

☐ 상대의 감정에 따라 내 목소리의 톤이 쉽게 끌려다닌다.

누구와 말할 때 내 목소리가 마음에 드는지, 반대로 마음에 들지 않는지 적어본다.

종합 자가 진단: 나의 파라랭귀지 프로파일

앞의 문항들을 바탕으로 지금의 나를 가장 잘 설명하는 프로파일을 한 줄로 적어본다.

이것은 단순한 평가가 아니라 나만의 파라랭귀지를 만드는 출발점이다.

예시 "빠른 속도 + 낮은 볼륨 + 상승 어미"

"말은 차분한데 리듬이 평면적"

"자신감은 있지만 어미가 흩어져 설득력이 약해짐"

"격한 감정 앞에서 목소리가 크게 요동함"

"쿠션어 과다 + 침묵 회피형"

나의 현재 파라랭귀지 프로파일 :